Illustrazione di copertina - autore: Primo Bridda 2012©
Edizioni **www.lulu.com**

Primo Bridda

L'alba del nono giorno
(Un nuovo "Medioevo" prossimo venturo)

Prefazione

Dovessimo dar retta alle profezie dei Maya, staremmo freschi!...
Giunti alla fatidica alba nona della Genesi, ovvero appena un'alba dopo l'ultimo tangibile episodio d'ingerenza divina nelle vicende umane (*), saremmo infatti anche molto prossimi a quel fatidico Ω della travagliata storia dell'evoluzione.
Cioè alla tanto evocata e temuta "fine del mondo".
Su questo argomento surreale, però, sarà bene lasciar esprimere gli adepti ... che per noi comuni mortali, al momento, pare ci siano fatti più concreti e pressanti a cui pensare!...
Molto di più, ad esempio, ci dovrebbe preoccupare e far riflettere lo sconquasso ambientale e sociale che abbiamo ogni giorno davanti agli occhi.
Dovremmo primariamente occuparci degli effetti indotti dai cambiamenti climatici e dall'abnorme crescita mondiale della popolazione. Ovvero della crescente penuria di risorse naturali, sia energetiche che alimentari, e del pervasivo controllo monopolistico delle loro catene distributive, dei flussi finanziari afferenti e degli effetti economici finali sui consumatori.
In realtà, è noto da tempo che molte delle cause degli attuali squilibri agroalimentari sono imputabili a scelte "sconsiderate" dell'umanità, ovvero alla progressiva alienazione dei pochi territori ancora fruibili. Alla rapida antropizzazione ed alla "desertificazione" dei suoli coltivabili.
Ma è anche noto, e ormai evidente a tutti, che sarà ancor peggio nel futuro prossimo; specie se si proseguirà nell'attuale tendenza a consentire l'accaparramento a fini speculativi delle residue "aree di sussistenza umana".

(*) L'ottavo giorno – Lulu Editore 2011.

Cioè nel perpetrare una progressiva sottrazione – all'uso secolare delle popolazioni indigene – di ampie porzioni di territorio in aree depresse dell'Africa e dell'America latina.

Aree acquisite più o meno fraudolentemente (cioè "condizionando" e corrompendo la classe politica locale), e poi sfruttate come risorse proprie dai pingui (e strabordanti di PIL) stati "emergenti" del "B.R.I.C.S." e dai Fondi Sovrani petroliferi d'oriente.

Tutto ciò con inevitabile depauperamento delle già scarse disponibilità alimentari locali, quindi con dirette ripercussioni sulla condizione di sopravvivenza (già miserabile) di vaste masse umane emarginate e sull'economia dei relativi stati sovrani, che ben presto verrebbero a trovarsi invischiati in una spirale di progressivo e irreversibile indebitamento.

Ovvero in un sempre più marcato e tangibile "globalizzarsi" del fenomeno d'arricchimento di pochi a spese dei molti.

E' dunque evidente lo stato di crisi strutturale delle società "avanzate" d'occidente e il limite insostenibile di questo modello di sviluppo basato su consumi e sprechi. Di questa sorta di "liberismo primordiale", gretto e senza regole, in mano alla forza prevaricatrice dei mercati e di pochi potentati finanziari. E in questi ultimi anni, con angoscia crescente, ne stiamo rudemente prendendo consapevolezza. Questo è dunque il nostro attuale problema!...

Nell'Eurozona, peraltro, da almeno un paio d'anni viviamo un'ansia fino ad ora totalmente "ignota". Provocata perlopiù da notizie poco rassicuranti sul nostro futuro. Ossia dal timore d'una imminente recessione economica, se non addirittura di un rischio di default economico-finanziario di alcuni stati membri e del tracollo della moneta comune.

Questo problema, qualora divenisse concreto, non si limiterebbe a stravolgere le economie dei 27 Stati membri d'Europa, ma, per l'effetto indotto dalla globalizzazione dei mercati finanziari (come peraltro già capitato con la crisi del 2008), coinvolgerebbe pesantemente altre nazioni a livello mondiale, con un prevedibile "effetto domino" totalmente fuori controllo.

Eppure, di fronte a questi e ad altri mille problemi esistenziali irrisolti, che da sempre ci affliggono, ed all'accentuarsi dello status caotico della società umana, assistiamo all'imbarazzante immobilismo della politica mondiale. All'incapacità delle classi dirigenti di assumersi responsabilità e di rinunciare ai loro meschini interessi di *"corto respiro". Ovvero di intervenire per regolare vecchi e nuovi fenomeni degenerativi della società.*

Dunque anche tutti noi cittadini, in quanto singoli operatori intellettuali, elettori, consumatori, sudditi pavidi e sottomessi ... o semplicemente in quanto esponenti della razza umana, abbiamo oggettivamente delle responsabilità.

E perciò dovremmo esser consci che, un domani, non avremo da recriminare se l'epilogo della nostra storia sarà infausto!

In questo momento, che a me sembra cruciale per la nostra sopravvivenza, mi è parso dunque quasi scontato e doveroso riflettere su questi temi e dedicar loro qualche umile e pacato ragionamento. Ben sapendo, s'intende, come sia arduo affrontare un tale percorso impervio dentro gli intricati enigmi delle nostre vite. Ma anche rendendomi conto di quanto sia problematico gestire tutto questo con ponderatezza, specie dopo i tanti dubbi irrisolti ed i pensieri "in libertà" già fatti in questi anni.

Assieme ai due precedenti volumi della collana tematica dedicata alla società moderna ("I 7+1 giorni della creazione" e "L'ottavo giorno"), questo terzo scritto chiude una sorta di trilogia tragicomica del tempo e degli eventi più recenti.

Ne amplia e ne completa la disamina, narrando delle azioni sempre più convulse di questa incongrua umanità.

Affronta dunque il tema cogente dell'affastellarsi di accadimenti imprevedibili di carattere generale, e che però, molto spesso, coinvolgono direttamente anche le nostre stesse vite.

Vicende e storie legate al Paese che amo e che continuamente riemergono con insistenza ... che bruciano sulla carne viva!

Ma anche, più in generale, volge uno sguardo attonito e perplesso verso il mondo territorialmente più esteso: l'indecifrabile "mondo globalizzato".

Mentre sto scrivendo queste note introduttive, mi sorprendo (perfino incredulo!) a rammentare lo svolgersi paradossale dei vari momenti trascorsi ... E non posso non ricordare che tutto questo lungo raccontare ha avuto inizio quasi per burla.

Partendo cioè da una banale diatriba tra amici ... "in vacanza", e da un mio successivo scritto satirico in rima a destinazione quasi "casereccia".

Ovvero da un irriverente racconto di libera "ispirazione" biblica, il cui scopo – trovandomi inerme ad ogni altro tipo di ragionamento sensato – era un'estrema ratio di amicale convincimento. Proprio rivolto a quegli amici caparbiamente "berlusconiani" (a cui ora certamente pruderanno le orecchie!...) che non intendevano comunque sentir ragione.

Temo però che, nell'inconscio più segreto e inconfessato, ciò abbia anche rappresentato un mio estremo e disperato sfogo contro talune inspiegabili manifestazioni di stupidità riguardanti i nostri quotidiani comportamenti.

Comunque, a parte tutto, lo stimolo indotto da questi temi "spigolosi" e cogenti, e il loro imprevedibile dilatarsi e confliggere con i canoni del consolidato raziocinio, mi ha spinto ad esplorare aree del pensiero mai prima valicate, e poi a proseguire nel cammino verso altri inevitabili orizzonti ...

Com'era intuibile però, a causa del tanto "vuoto" etico e dell'apatia culturale che percepisco tutt'intorno, mi sono - per così dire - "intruppato" in elucubrazioni cerebrali che portano solo a sbocchi teorici. Invero poco realistiche e difficilmente realizzabili in concreto, e quindi dalla logicità discutibile ...

Molto spesso, anche regredendo istintivamente a dei conflitti amigdalici appassionati (ossia a ragionamenti "di pancia") e indignandomi nel riflettere sulla intollerabilità sociale dei nostri meschini comportamenti: sull'inscalfibile strapotere politico-clientelare e sulla sua pervasività quasi infestante, sui quotidiani comportamenti scorretti e disonesti che ci vengono presentati come frutto positivo di scaltrezza e furberia, sull'etica dimenticata e sulla crescente e incontrollabile ingerenza di lobby e potentati economico-finanziari che non intendono ridimensionare i propri privilegi.

Ma anche inseguendo una visione più romantica, più lungimirante e nobile sui conclamati e regolarmente disattesi problemi dell'ambiente e della sostenibilità ambientale ... O anche, più sconsolata e apatica, sulle assai deboli e incongrue motivazioni del nostro esistere.

Su tutto questo mi sono interrogato fin quasi a sfinirmi. In un cimento che riconosco oggi perfino eroico ma inutile. E nondimeno mi ostino ancora a giocare i tempi supplementari di questa partita che so già persa in partenza!...

Di fronte alla complessità intrinseca dei problemi, ma soprattutto dopo aver preso atto della loro soverchia indeterminatezza, ho dunque ricavato un'amara sensazione di impotenza.

E tuttavia ancora non mi dichiarerei sconfitto per questo esito sostanzialmente "improduttivo", o per il dover riconoscere di non aver capito granché della natura umana e di questa nostra società complessa e degli arcani meccanismi che la governano (che ben altri "autorevoli" fallimenti potrei annoverare per mia personale consolazione!), solo che tutto questo riguardasse esclusivamente un mio limite personale.

Penso perfino che mi sentirei pago dell'onesto lavoro svolto, del mio dovere civile diligentemente assolto ...

E invece ora mi sento deluso e amareggiato per l'umanità intera, per l'eccesso di individualismo che permane, per la sua invitta incongruità e per lo scarso attaccamento ai valori della convivenza.

Per l'inutilità dell'insegnamento della storia ...

E non mi consola affatto il poter condividere questo fondamentale convincimento con le conclusioni del grande Socrate (in lui così eroiche e radicate che per difenderle non esitò a sacrificare la propria vita). O magari anche per l'esser pronto a seguire con umiltà il suo stesso rigore etico sulla via del dubbio esistenziale e della ricerca della conoscenza, giacché, trascurando il personale dislivello di valore intellettuale e umano (per me purtroppo incolmabile), non io posso ergermi a rappresentare in toto la moderna umanità.

Se non altro perché, per le nostre potenziali esperienze temporalmente contestualizzate, non può esservi proposizione d'un comune modello oggettivo e perequato di civiltà.

Tra le nostre conoscenze, infatti, c'è una distanza di migliaia d'anni. E dunque un baratro culturale e tecnologico smisurato ... ed è ingiustificabile che, a tutt'oggi, permanga un salto comportamentale ed etico che l'umanità intera non ha colmato nemmeno in parte.

Pare dunque che da quell'alba incerta della conoscenza, promettente e florida per l'intero genere umano, da quei primordi del ragionamento arguto e razionale, ben 2500 anni siano trascorsi inutilmente!

Primo Bridda

L'alba del nono giorno.
Ovvero: perché i "bulli" si ostinano a non crescere?...

Repetita iuvant !...

[Continuazione da "1 7+1 giorni della Creazione"].

Parte prima - Breve riassunto delle puntate precedenti ...

(1) I sette giorni della creazione:

Correva del secolo XX l'anno più nero
e il Padre Eterno del suo regno terreno
era da tempo insoddisfatto,
Anzi, se così si può dire, col dovuto rispetto,
oserei sostenere che era veramente incazzato:
l'andamento del mondo non gli garbava affatto!...
Questo mondo tronfio e sommamente ingrato
che con tanto amore s'era preso la briga di creare,
ora lo ripagava con un crescente caos esistenziale.
Avea plasmato l'universo intero,
con tutte le galassie smisurate e gli astri luminosi
che adornano il nero manto delle notti,
ed i pianeti, e i grossi meteoriti ... e le comete.
Lasciamo stare ... non stiamo a piluccare
per qualche buco nero ogni tanto
(diamine, anche a Dio può capitare qualche disattenzione!).
E poi la terra coi suoi mari e i laghi e le foreste
e gli esseri viventi ... e tra questi gli animali superiori.
S'era più volte detto d'esser troppo pignolo,
assai meticoloso ...
Così, contro ogni ragione, volle creare un bipede pensante
che fosse quanto più ad Egli stesso somigliante.
L'avea plasmato con amore, dalla cruda argilla,
ma poi l'essere ingrato fu fonte di svetura.
Accidenti a questi esseri viventi!...
Si fosse accontentato di creare gli immanenti abissi siderali,
con le galassie infinite e coi pianeti roteanti intorno ai loro soli.
Magari ... volendo esagerare: anche questo bel pianeta Terra.
Così accurato nella sua concezione
e dagli altri corpi celesti assai differenziato,
con l'azzurro intenso dei sui mari
e il bianco luccicante dei suoi monti innevati,
e il verde dei suoi prati.
Accidenti a quest'innata ossessione di cercar sempre la perfezione!...

Era dunque un giorno di brumosa primavera
(non importa in qual tempo, perché il tempo non c'era),
quando tutto ebbe principio.
Per sei giorni faticosi il Creatore s'impegnò con lena
e il settimo giorno, soddisfatto, riposò ...
Scorrevano felici e spensierati i giorni nel terrestre paradiso,
finché lesto il serpente insinuò la sua coda tra le cosce
della donna debole e ambiziosa ... e compì l'oltraggioso misfatto.
Colto da sdegno immane il nostro Dio
comminò il suo castigo alla specie umana,
e d'essergli accanto per l'eternità, tolse ogni gioia.
La stirpe d'Adamo crebbe feconda e laboriosa,
tuttavia raminga vagò pei quattro continenti,
finché il nostro Dio la primigenia ira ebbe placata.
Concesse alfine a quei suoi figli ingrati
l'agognato perdono e la benevolenza.
L'idillio, purtroppo, durò poco, perché le umane genti son fallaci,
capaci di peccare ogni momento.
E allora repentina l'ira divina tutto travolse,
in quel lavacro universale da cui solo il probo Noè vide la luce.
Dio fu paziente e ancora tante volte perdonò nei secoli a venire...

[Altrettanto pazienti penso non sarete se ancora indugio,
lettori miei che la storia più recente conoscete ...
Dunque stupore non avrete se vado al sodo,
se in breve vi dirò del Suo tornar sulla terra
in quell'ottavo giorno imprevisto.]

(2) L'ottavo giorno funesto:

Tanta era l'ira lungamente repressa
e ferma era la convinzione, che Dio padre
dal suo celeste giaciglio alfine scese e inquieto prese a calcar
l'antico suolo che d'Adamo avea visto i natali.
Riaprì dunque il cantiere della creazione
come per completare un lavoro lasciato in sospensione.
Volle creare, con la rimasta argilla primordiale,
un grande uomo a cui affidare una difficile missione...
Cercò l'antica argilla benedetta
tra l'erbe incolte della desolata brughiera.
Peraltro ricordando che assai modesto rimasuglio era avanzato
quando, in quel remoto sesto giorno di lavoro,

14

d'Adamo avea plasmato il corpo bello e immacolato.
Quella poca corrotta e puzzolente argilla,
nei secoli rimasta a macerare,
pregna di vermi e d'insetti d'ogni specie,
fu dunque l'immonda materia nucleare
con cui il Divino plasmò la sua "bomba"... il suo "scudo interstellare"!
Poca però era la materia grezza disponibile al plasmare
che, dunque, in conseguenza, al neo profeta in terra
(e del divin disegno pugnace paladino), esigua ne risultò l'altezza di statura.
E per capire bene l'imbarazzante situazione va anche precisato
che la flaccida terra di lordure pregna,
pur se dalla man ferma del Creatore era plasmata con estrema cura,
s'afflosciò presto in un goffo fantoccio d'uomo dalle membra deformi.
Dunque, al declinar della giornata di lavoro
e nonostante il non eccelso risultato, Dio prese commiato dall'amata terra.

Così solennemente dell'alta missione incaricato,
fece sfracelli tanti quell'Unto dal Signore.
Guerra senza tregua dichiarò ai degenerati comunisti, causa d'ogni male!...
Dei comunisti era infatti tanto pressante l'ossessione,
che come un disco rotto proferiva insulti e minacce ogni momento,
e cercava quell'infido nemico in ogni più impensabile luogo.
Ma quei degeneri ominidi superstiti, quei presunti nemici,
del primitivo sogno comunista avean solo un vago ricordo ...
Negli anni, tanto quegli esseri scimmieschi
s'eran fatti simili agli umani che dell'antico sogno
solo un incubo era rimasto: eran diventati tutti dei democristiani!...
Come un moderno Don Chisciotte impavido lottò
contro i suoi incubi assillanti e contro ectoplasmi inesistenti.
Abilmente rimestò nei più meschini sentimenti
e dentro le fogne delle miserie umane.
Così continuò convinto a pugnar
contro i fantasmi dell'odiato comunismo.
Ma dopo tanto inutile agitar la spada al vento,
e molto amareggiato per non esser stato compreso,
prese ad imprecar contro il Padre per quel suo cinico destino.
Così l'incauto burattino alfine si trovò sdraiato e inoperoso,
con la camicia stretta ai polsi, sul duro letto della contenzione.
E intorno non trovando spettatore alcuno, uscì di senno il povero tapino
e prese a sbraitar contro quel muro bianco che gli stava in fronte
convinto d'esser sopra il fatidico balcone.

Vera storia della creazione:

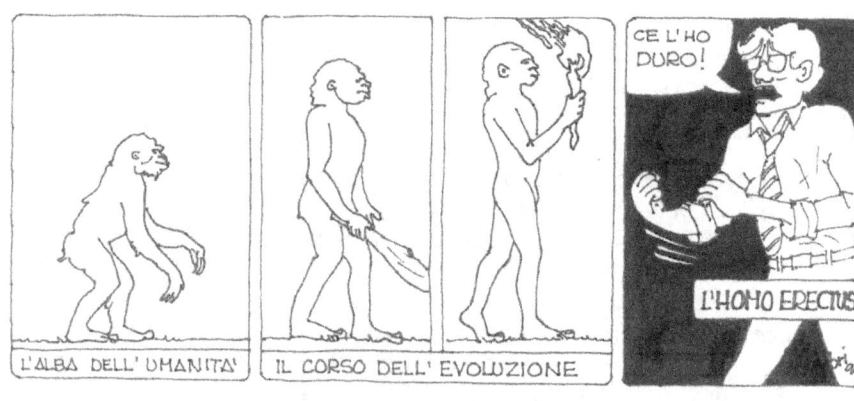

Parte seconda – L'alba del nono giorno.

Proclamò sinistramente quel turpe manifesto:
- "Uno spettro s'aggira per l'Europa, lo spettro del comunismo ... "
E all'alba antelucana del giorno nono,
un brivido salì lungo la schiena ...
e proprio con quel grido martellante in testa,
il nostro Dio s'era ridesto!

Quantunque affranto e prono
per quel presago segno funesto,
da sopra il celestial suo algido trono
s'erse immanente il Padre nostro.
E alfine, dall'impalpabile giaciglio di candide nubi,
ritto si levò con piglio rude.

Con guizzi e lazzi come fosse furetto smanioso,
dell'orrido nembo prese a saltar sul ciglio periglioso.
E tanto i piedi scosse e tanto agitò quelle sue sciolte chiome,
impavido stendardo che ognor garrisce al vento,
quasi d'aver d'un turpe ossesso le sembianze preso.
Quasi che da quel sogno infame non fosse ancor ridesto.

Poi, quasi ad'esser stato villanamente offeso,
o esser d'insetto molesto oltraggiato inutilmente,
o come fosse d'ape iraconda punto all'improvviso ...
con impeto fulmineo si levò il Divino.
E tanto parea doler l'immane suo nobile tronco
laddove al guardo si celano le tenere carni.

Là ben nascoste parean stare le Sue parti dolenti,
tra gli inviluppi e i grumi adiposi delle chiappe mollicce,
nell'intimo candor del basso deretano.

Ma vergogna ed ira erano tutt'uno ... e certo dire non si può
quanto dolore sopportar dovette quel Dio misericordioso.
Viepiù per il Suo fiero orgoglio vigliaccamente offeso ...

Scorreva il tempo al comparir miserrimo del volto tenebroso
e il nostro Dio paziente sugger parea l'amaro fiele,
poi s'erse indomito e maestoso con scatto d'impeto felino.
E alfine, il munifico creatore, scosse le membra con furore!...
E nel tremor dall'ira, una rabbia colossale voleva rimarcare
con quel Suo presto agir d'impeto folle.

Dell'Unto Suo privilegiato, vile opportunista abitator del mondo,
di quel "pupillo" umano intensamente amato,
Ei dunque non potea scordar le malefatte.
Vandalo distruttore (nell'ameno stivale),
fustigatore imbelle e lussurioso,
inaffidabile e vanesio imbonitore ... sproloquiante mentitore.

Che, più che dell'impegno di render giusta gloria al Padre,
da sete smodata di potere egli fu preso!
E spesso dunque agì con tracotanza per solo personale tornaconto,
e dell'alta missione fece gran scempio ogni momento.
Dei comunisti odiati traccia non seppe trovare,
dentro i tortuosi anfratti dell'amato Paese.

Al proprio orgoglio profuse ogni diuturno impegno.
Alla forma esteriore sacrificò senza ritegno la sostanza.
Fornicò pigramente, senza veemenza e senza amore,
e del "bunga bunga" assaporò ogni devianza.
Fu spudorato mentitor e ingannò il suo creatore,
e dell'ineffabile missione tradì ogni divina istanza.

Ei chiamò "escort" ... e non "puttane" le sculettanti ancelle,
come sarebbe d'uopo per tale circostanza!
Così tosto irretendo tante esuberanti giovinette,
pronte ad immolarsi tra le sue flaccide chiappe,
malsano godimento trasse ...
da quel violar le membra sode, per pochi denari e vacue illusioni in
cambio.

18

Empio fu dunque l'imbroglio a quelle sventurate!
Il vile baloccar le vite altrui, solo per gustar turgide tette,
per sugger degli acerbi frutti ... siccome misere "merci umane".
Eppur sempre negò vilmente quell'immorale gioco,
che del secolo nuovo fu la sola sua gran rivoluzione
e nel ludibrio generale trascinò così un'intera nazione!

Dagli incubi notturni Dio santo ebbe ridesti nuovi ricordi.
Di questa umanità rivide con orrore infamie e torti:
stupri e violenze contro individui indifesi e soli
e scempi finanziari contro popoli interi.
E guerre, ed attentati e sangue nel dilaniar crudo dei corpi,
e tante povere genti sfruttate e offese, senza lavoro e senza dignità.

Allora s'interrogò angosciato e a sé rivolto domandò:
"Quale tremendo errore ho mai commesso?..."
E nel cercar sollievo alla crescente angoscia
fu dubitoso assai nostro Signore ...
E a lungo ancor s'interrogò tra dubbi atroci.
Poi fu conscio del misfatto e finalmente si chetò.

Capì lucidamente che per un tale agir fallace
ben tenue fiammella divina dovea ardergli in capo.
Che poco ingegno soprannaturale in cielo alberga
se tanto bieco e torto quest'universo appare,
se tanto odio s'irradia ogni momento a far del male!
E non divino esser dovea quel suo creator distratto.

Dunque, dell'indole Sua finalmente ebbe contezza
*e disperato il nostro Dio, d'esser **"Colui che è"** ...*
cominciò a dubitare!

Gli incubi trentennali:

Sogno o son desto?...

(Ovvero: la metafora del nostro tempo.)

Ho sognato (o forse solamente immaginato) d'essermi ritrovato nella pelle d'uno strano extraterrestre: una sorta di ceruleo fantasmino dei ricordi vaghi dell'infanzia, alto poco più d'un metro e trenta.
Ho creduto d'essere un elfo solitario dall'aspetto pallido e macilento, dai grandi occhi sporgenti e dalle orecchie ampie ed aguzze come quelle d'un pipistrello.
Un piccolo individuo insomma; una sparuta creatura dall'aria mite e indifesa, costretta nello spazio angusto d'una asettica capsula pressurizzata che vagava inerte nel nulla ...
Smarrito e confuso in quell'alcova tecnologica, avvolgente e protettiva, dove il mio respiro ritmato e lento pareva essere il solo scandire del tempo e la sola tangibile percezione di vita.
Completamente isolato, nell'intimo alienarsi d'un silenzio pieno e avvolgente.
Tanto profondo e ovattato che anche il più recondito e segreto pensiero pareva potersi materializzare in suono ed essere udito.
Lì dentro dunque, immoto e solitario, mi sentivo pesantemente oppresso da quell'impalpabile nulla.
Però ero finalmente vivo e consapevole!
Quindi pronto al risveglio da un sonno secolare, trascorso a vagare senza meta nelle profondità siderali della nostra galassia, nell'interspazio senza confini.
Comprendevo lucidamente che io stesso, alieno concepito chissà dove, in quel preciso momento nascevo a nuova vita avventurosa.

Ormai vinto il residuo torpore e in attesa di raccapezzare gli stimoli della mia mente disorientata, stavo qualche istante ancora beatamente rilassato in quella condizione d'assenza di peso e di vacuità dei sentimenti.
E ancora pigramente indugiavo nel godere di quella quiete assoluta e irreale, prima di dover riattivare cognizione e ragionamento.

Dal mio involucro protettivo volgevo alfine lo sguardo curioso di fronte a me, pian piano, penetrando il buio compatto e intonso oltre l'oblò.

Lentamente, dunque, infiniti punti di luce lontani impressionarono gli impigriti bastoncelli della retina, e si definirono sempre più nitidamente nell'arco stretto del mio orizzonte.

Allucinanti e freddi. Biancastri e funerei.

La mia nave fluttuava lieve e decisa con la sua scia celeste, ormai attratta irresistibilmente dalle forze gravitazionali di Plutone e Nettuno, ed entrava – con orbita tangente - nel sistema solare.

Dai corpi più esterni e gelidi iniziavo il mio viaggio terminale verso le orbite interne, e penetravo finalmente la quiete accogliente di questo nuovo mondo a me sconosciuto.

Il mio peregrinare senza tempo pareva dunque avere una meta chiara e chiaramente concepita. Certamente qualcuno, in un'epoca remota, per me aveva deciso il destino.

Ed io, totalmente impotente ma felice, subivo quel crudo determinismo.

Fiducioso e ormai vigile, osservavo incuriosito l'avvicinarsi quasi impercettibile della luce ancora flebile della grande stella all'orizzonte. Appena più marcata rispetto alle consorelle luccicanti, sparse sullo sfondo.

E il suo chiarore vivido metteva in risalto i bordi scuri delle sferiche sagome innanzi a me. Ordinatamente disposte in controluce.

Per "l'effetto fionda", dopo aver vagato per mesi interminabili, oltrepassai pigramente l'altra faccia del Sole e tornai verso l'orbita di Venere. Da lì potevo scorgere finalmente, sulla destra, quella che sarebbe divenuta la mia meta.

Scorsi dapprima un globo illuminato come tanti altri, come un piccolo lampione in lontananza, che però attirava la mia attenzione perché, a periodi alterni, s'accompagnava in coppia ad una piccola luna lucente.

Man mano che lasciavo alle mie spalle Mercurio e Venere, e che mi avvicinavo all'orbita del nuovo corpo celeste, la sua sagoma sferica s'ingrandiva e cangiava d'aspetto.

Aveva assunto dapprima una colorazione bluastra, poi virante al verdognolo, chiazzata al centro da tonalità ocra assai più uniformi e marcate.

Questo corpo meraviglioso e speciale, appresi in seguito ascoltando una specie evoluta dei suoi numerosi abitanti, veniva chiamato pianeta "Terra".

Doppiata la sua luna dalla superficie cosparsa di crateri e ormai giunto in prossimità dell'orizzonte più esterno dell'esosfera, questo globo multicolore mi apparve quasi ammiccante in tutto il suo straordinario, inaspettato, magniloquente splendore.
Si svelò gradatamente in una sequenza di inusitate e interminabili tonalità cromatiche.
Questa enorme sfera bluastra in rapido avvicinamento, sempre più imponente e greve nel suo levitare nello spazio buio circostante, a prima vista mostrava una superficie regolare e liscia.
Poi, con l'approssimarsi sempre più veloce e grazie ad un più accorto osservare, si rivelò invece assai fittamente corrugata e protuberante, con increspature e rilievi anche marcati. Ma pareva anche fittamente solcata da striature irregolari e scure e da ampie chiazze gibbose.
Con colorazioni tenui e smorte, poi variegate e policrome, frammiste e assai confuse e con vaste superfici varianti dal blu cobalto o cangianti al chiaro, al verde più o meno intenso, ai toni caldi e terrigni dell'ocra e del giallo, al nero intonso e deciso dei crepacci, ai grigi sfumati delle formazioni nuvolose ed ai bianchi incontaminati e sfavillanti delle cime innevate.
Il mio veicolo spaziale, ormai prossimo al suolo, sfrecciava sull'orbita equatoriale facendo condensare una impercettibile scia vaporizzata.
E i territori di superficie, lesti a sfuggire alla vista oltre la cornice dell'oblò, mi apparivano davanti ben definiti in ogni loro più minuto dettaglio.
Fu allora che la mia insaziabile curiosità fu attratta da una vasta area geografica, da un paesaggio indefinibile appena velato di foschia, che degradava all'orizzonte per effetto dell'incurvatura del pianeta.
Una regione subito a occidente d'un continente esteso e arido, compenetrata da un vasto mare e solcata da fiumi e da laghi dai riflessi immacolati e argentei.
Dapprima, nella porzione più a settentrione, essa mi apparve verdeggiante di fitte foreste incontaminate, coronata da picchi arditi aggettanti su falesie verticali costantemente sferzate da flutti spumeggianti, e poi percorsa da dolci dorsali montuose innevate.
Più a sud, da appena qualche grado sopra la linea del tropico, il paesaggio pareva allargarsi e "respirare". L'orizzonte farsi più dolce e ondulato e centralmente accogliere praterie estese e glabre.
Come una specie di tabula rasa verdeggiante. Frazionata con ordine in appezzamenti coltivati di forme regolari, e bordeggiata da basse colline lussureggianti di caduco fogliame.

Splendide chiazze arboree nella livrea autunnale ... pennellate casuali sulla tavolozza del Creatore.

In lontananza, ad est, più sopra la scia obliqua del sorvolo, ancora distinguevo estese spianate di steppa incolta, poi interrotte da massicce formazioni montuose variamente disposte ... e più oltre ancora, aride pianure senza vita apparente.

Molti di questi territori, quantunque smisurati, mostravano evidenti tracce di insediamenti (umani): densi concentrati organizzati in città o in villaggi isolati. E da ogn'uno si dipartiva un fitto irradiarsi di infrastrutture di collegamento. Quasi una rete nervosa disegnata dalle sue sinapsi.

Strade e linee ferrate di comunicazione, direttrici su cui si spostavano veicoli in frenetico movimento e lunghi convogli ferroviari. E sopra ad esse, nei cieli quasi totalmente tersi e inondati di sole, solcavano le scie, prima nette e poi evanescenti, di aerei veloci.

Così, senza capire, mi ritrovai a sorvolare un minuscolo territorio dal profilo oblungo ... dalla vaga forma di stivale umano. Una isolata e nerboruta penisola distesa mollemente al sole e franta dai flutti e dalle schiume del mare.

Un territorio fiorente di beltà sempre cangianti e stuzzichevoli, di ville e di palazzi importanti, abitato da genti liete e chiassose ... Al che frenai la mia foga d'aviatore, pensando d'aver trovato finalmente una meta. Sospesi a mezz'aria la mia nave spaziale e avidamente osservai.

Dall'alto vidi con dovizia ogni cosa e subito fui preso da entusiastico ardore, tanto che mi convinsi d'esser capitato in un terrestre paradiso.

Ogni cosa fino ad allora osservata nel mio peregrinare, nel mio ricordo, lieve sbiadiva. E nella visione di questo lembo di terra magica esso si disperdeva assai scialbo e trascurabile.

Non comprendevo il linguaggio dei chiassosi abitatori, la fonetica squillante e ridanciana di quei bipedi terrestri; ma percepivo il senso dei loro pensieri: le ansie, le gioie, i loro più riposti sentimenti. Questa era evidentemente una dote telepatica che mi veniva in dono dalla mia genetica, dalle mie cellule "spaziali", dalle mie origini galattiche.

Ero curioso di conoscere questo nuovo mondo, dove ogni cosa pareva bella e gradevole. E dove gli abitanti mi sembravano generosi e felici, propensi a vivere in modo solidale.

Tra loro mi sarei trovato bene, pensai dunque fiducioso ... E invece quasi subito percepii tanto disagio intorno e, al di là delle apparenze, tanta tristezza e rassegnato fatalismo. Una scarsa convinzione nel portare avanti la specie. Tanta circospezione ed egoismo speso per far sopravvivere ogni giorno sé stessi.

Lì per lì non fui persuaso delle mie sensazioni sgradevoli; ma la percezione del dolore era netta ... "Possibile"– mi chiesi – "che in un posto così bello la gente viva con così tanto disagio?".

Non convinto, ripresi nuovamente a vagare per il mondo e mi spostai sull'emisfero sud, oltre l'oceano, laddove ritmi di samba risuonavano festosi fin dentro le anguste vie dei villaggi più sperduti. E dove canti antichi carichi di sentimento umano, accompagnati da melodie di flauti, vagavano lamentosi e lievi lungo i tratturi ombrosi delle foreste più rigogliose e sugli aridi altopiani delle sierras.

E più oltre, ove i fieri "Tangheros" della Pampa incrociavano le greggi dei lama e i radi abitatori della terra ventosa e sconfinata che porta il nome di Patagonia. E tutto questo composto fervore di vita e questo umano sentimento fece rinascere la mia curiosità di scopritore.

Pensai che una natura tanto imperscrutabile, talvolta lussureggiante e maestosa da confondere i sensi, non potesse che indurre felicità e desideri positivi tra gli abitanti del pianeta.

Ma alfine le sensazioni telepatiche erano sempre le stesse: disincanto, apatia, egoismo, dolore e morte ...

La emersione dal torpore e dal sogno era stata improvvisa e dunque piuttosto traumatica: più il soprassalto da un incubo che il lento e pacioso risveglio.

Capivo chiaramente che non ero quell'elfo solitario fantasticamente immaginato e, forse, inconsciamente desiderato ...

Quel romantico extraterrestre che, nel suo lungo peregrinare per la galassia, era giunto finalmente alla meta agognata: in un lussureggiante paradiso dalla natura florida e incontaminata.

Capivo cioè, con realistica consapevolezza, d'essere semplicemente uno dei sette miliardi di disincantati abitatori del martoriato pianeta.

Peraltro, per quanto amareggiato e disilluso, un cittadino privilegiato dei territori agiati della "vecchia" Europa, dove era fiorita la storia. E dove le vicende culturali, fino al secolo scorso, si compivano anche a beneficio del resto dell'umanità.

Dove un welfare generoso e solidale, quasi unico esempio concreto e funzionante nel mondo, aveva tolto ansia e povertà ai cittadini; dove i diritti indiscussi di appartenenza stridevano con l'usuale sopruso e con l'abbandono alla miseria di popoli appena contermini.

Dunque un essere vivente del genere *Homo Sapiens*, mammifero glabro a postura eretta, evoluto abitatore di questo fantastico corpo celeste che, anche per sua colpa, ora soffre e piange.

Creatura di questa grande sfera fluttuante - terza del sistema solare - che ormai tutto può essere definita ... fuorché un *"paradiso terrestre"*!

E appena riavutomi da questo amaro risveglio e dallo shock di ritrovarmi nuovamente calato nella realtà cruda, incominciai a pensare intensamente al futuro di questa povera Terra ...

Considerazioni sul tempo presente

Devo dunque accettare la pena indicibile di questo brusco risveglio dal mio sonno conciliatore (o dalla mia "fuga visionaria" dalla realtà), e il primo dubbio atroce che subito mi attanaglia la mente è che in questo mondo non vi sia più spazio per i sogni romantici … che la realtà sia assolutamente cruda, sprezzante, impietosa e forse anche irreversibile.

Posso riflettere quanto mi pare sull'argomento, ovvero posso tentare di liberare il mio ormai disincantato ottimismo onirico, o anche prendere a calci la mia logica attualmente abbastanza disastrata, o affidarmi (grazie all'età) all'ignavia più gretta del "chi ha già dato e pensa solo per sé" … e tuttavia non posso ignorare la realtà che mi sovrasta; gli eventi di questi ultimi anni e la concretezza di fatti che mi hanno posto di fronte a verità che non immaginavo!

E dunque accettare il profilarsi repentino d'un mondo nuovo che non sappiamo ancora pienamente decifrare, che sembra rompere il legame con il "mondo andato" e che ci pone ancora una volta di fronte all'enigma irrisolto della vita.

A questo punto, per affliggermi un po' meno, sarei quasi tentato di affrontare l'argomento e i problemi che vi sottendono in modo dilatorio … Potrei perfino accodarmi ai ferventi tifosi dello "stellone nazionale" e convincermi che, tra qualche anno, ne usciremo vincenti (come sempre accaduto d'altronde!), ma sento che la mia intelligenza e il mio onesto realismo me lo impedirebbero.

Suppongo, tuttavia, che le difficoltà contingenti della "mia" ristretta visuale da piccolo borghese quanto prima si dissiperanno e troveranno un riequilibrio ed un sollievo … un giusto "accomodamento".

Non può accadere altrimenti!… Però i nodi gordiani dell'umanità sono ormai giunti al pettine ed io, senza avere la presunzione di saperli districare o di capirne da solo i complicati intrecci, sono costretto a non ignorarli, pur conscio del dolore e dello sconcerto che mi procureranno in futuro.

Mentre dunque mi appresto a incamminarmi mestamente per questo angusto sentiero "dei passi perduti" mi vien quasi da dire rassegnato: beati i tanti "poveri di spirito" che vivono ignari tra noi, perché ad essi sarà sempre riservato un confortevole cantuccio nel Regno dei cieli.

La vita dura, come sempre purtroppo, sarà riservata ai pochi consapevoli ... cioè a coloro che dovranno inevitabilmente morire dannati!

Dunque analizziamo questa nostra realtà, questo modello di società avanzata, liberista ma non libertaria (perché non equa), senza orizzonti sociali definiti, molto "sbandata" e carente di regole, dove dominano interessi privati e personali e aleggia una sorta di cinismo finanziario globalizzato e incontrollabile. E dove invece, tra le persone reali, quotidianamente si manifestano e crescono frustrazioni e disagi.

Dove, tra coloro che si ritengono dei vincenti, o che comunque appartengono a delle classi di privilegiati, prevale il disinteresse per i problemi generali e cresce esponenzialmente la propensione all'arraffo sfrenato e all'esibizionismo.

E tra chi, viceversa, è ormai alla canna del gas prevale solo una rabbia cieca e l'astio vendicativo, oppure il disincanto e la sfiducia nelle istituzioni conclamate. Una sempre più marcata propensione al nichilismo o, altrimenti, alla reazione violenta e sconsiderata.

Cioè qualcosa di oscuro e incontenibile, che alimenta simpatie estremiste e pseudo rivoluzionarie (Black blok ed altri movimenti di protesta attiva, più o meno organizzati e potenzialmente pericolosi), perché privo di sfoghi positivi. Ossia perché mancante d'un "contesto" favorevole ad aprire spiragli sul futuro e concrete prospettive di trasformazione della società, ma soprattutto perché privo d'ogni speranza d'uscita dai problemi contingenti.

Soprattutto perché i tentacoli pervasivi delle "grandi lobby" al potere ormai monopolizzano scopertamente ogni forma – subdola o palese – di controllo sociale (informativo, finanziario, politico, militare, ecc...) e scoraggiano o inibiscono ogni aspettativa di cambiamento reale.

Ciò che è strano e imprevisto è che queste potenti "lobby" emergenti, queste bulimiche e indefinibili "sovrastrutture" prettamente finanziarie sempre più pervasive, non corrispondano più ai consueti e ben noti "poteri forti" d'un tempo (rimasti tutt'al più a presidiare surrettiziamente gli stretti ambiti nazionali) ma, globalizzandosi anch'esse, agiscano di concerto in un regime di "cartello sovranazionale" quasi monopolistico.

E la loro disumana strategia d'azione ricorda più che altro la prassi seguita da un qualsiasi "Cartello di Medellin", o da una delle tanto temute cosche calabresi e siciliane: astratta, cinica, totalmente insensibile al contesto ...

Di tanti secoli travagliati di cultura umanistica, di tomi ponderosi di elucubrazioni filosofiche, di cataste di analisi e ricerche statistiche e sociologiche, di dotte spremiture encefaliche sull'economia politica e sul futuribile destino dell'umanità, dunque oggi rimane ben poco!

E nei prossimi anni molte delle ataviche certezze saranno quindi destinate all'abbandono e all'oblio, magari allo "sversamento" in moderne discariche culturali ... Come peraltro già accaduto più volte nella storia millenaria del pensiero umano, e della cui memoria si trova oggi a malapena solo labile traccia su qualche rara pergamena o su frammenti lapidei rivenienti dall'antichità.

Eppure, se ben ricordo, Marx ed Engels, pur riferendosi ad una società neoindustriale come l'Inghilterra di fine '800, poco confrontabile con la assai più complessa società liberista attuale (postindustriale e globalizzata), avevano già previsto quasi tutto sulle prevaricazioni e le "devianze" del capitalismo.

Ma la loro visione del problema, per quanto lucida e veritiera, nella proposta di cambiamento della società reale è risultata inapplicabile perché improntata, a mio parere, su un eccessivo determinismo teorico e su un "razionalismo empirico" che non considerava a sufficienza il limite fondamentale della condizione umana.

Un limite oggi conclamato e, in un certo senso, certificato dalla storia. Che peraltro Freud e Jung indagarono approfonditamente e con successo neanche un secolo più tardi: la psiche.

Accade dunque che, negli ultimi decenni, di quei valori universali e dei principi regolatori dei comportamenti, scevri ormai dalle fallimentari applicazioni pratiche delle ideologie di inizio novecento, sia rimasto solo un arido deserto. Una completa tabula rasa che azzera l'orologio della storia e lo riporta ai primordi dell'evoluzione del ragionamento.

Ma è anche in atto un irresponsabile tentativo d'insidiare quei secolari bastioni culturali dell'occidente evoluto, quelle conquiste indefettibili che sanciscono i principi regolatori dei rapporti tra i singoli e la società e che afferiscono ai diritti fondamentali dell'individuo.

Tra noi dunque s'avanza minaccioso lo spettro di un novello "Medio Evo", d'un rinnovato oscurantismo comportamentale ed etico!...

Parrebbe quasi di stare metaforicamente sull'area pianeggiante d'un territorio rurale esteso e indifendibile, dove imperversano scorrerie di bande barbariche e si praticano violenze e angherie sociali d'ogni tipo (sopportate con pavido fatalismo dalle comunità vessate, come fossero un male inevitabile o il minore dei mali possibili), con dirimpetto gli statici e inviolabili presidi d'altura, i manieri isolati e incombenti dove dimorano delle imperturbabili e crasse signorie dispotiche. Insensibili ai problemi della sottostante pianura martoriata.

Questa rappresentazione allusiva è chiara e lampante, e angoscia abbastanza chi la percepisce, ma per rendere appieno ciò che pare si prospetti in concreto, l'esistenza cioè di moltitudini di servile umanità sottomessa ai voleri di questi ineffabili e pervasivi "persuasori" occulti, mi accorgo di non possedere strumenti di lettura altrettanto immediati ed espliciti.

O magari di non disporre di elementi di analisi antropologica adeguati, e quindi di non poter addivenire a riflessioni dirimenti e chiare.

Ritengo, infatti, che il problema attuale non sia già più di scelte operative da demandare alla politica – pur inetta quanto si vuole e spesso inesistente – ma riguardi i limiti stessi della natura umana.

Che derivi cioè dalla nostra sostanziale incapacità "genetica" di interagire e assimilare le regole della convivenza, o di modificare i nostri comportamenti istintuali prettamente individualistici. Più propensi semmai a operare per difendere che per concedere, più a togliere che a dare.

Nei nostri comportamenti niente però accade per caso!... Il nostro destino è infatti segnato da una storia che sta dentro la preistoria, e che potremmo complessivamente riassumere in due parole: "istinto di sopravvivenza".

Ogni nostra azione inconsulta nasce dunque da questo invincibile istinto che svela la bestia che è in noi.

E da questa evidenza cruda e oggettiva perviene anche la probabile chiave di volta per la soluzione d'un secolare enigma tuttora irrisolto.

Ossia la spiegazione della nostra congenita riluttanza ad accettare le regole imposte ed a seguire un percorso evolutivo in senso razionale.

Dunque una ritrosia innata e tenace nel sopportare sacrifici personali per il beneficio altrui, tanto più in favore di una comunità più vasta di cui ci sentiamo marginalmente partecipi. E ciò anche se resi pienamente consapevoli del miglioramento che deriverebbe a tutti qualora questa comunità divenisse più equilibrata, più democratica e più solidale.

I limiti comportamentali di ciò che perviene direttamente dalla nostra "impulsività", cioè dai nostri "istinti ancestrali" irrefrenabili, che si palesano continuamente attraverso le nostre reazioni inconsce (pulsioni sessuali, istinto di sopravvivenza, credo religioso e superstizioni), riemergono infatti puntualmente ogni momento come effetto di resistenze psicologiche forti.

Cioè come una sorta di avversioni preconcette e irragionevoli, come insofferenze a regole percepite come esteriormente imposte (anche se virtualmente da noi condivise), e quindi intese come limitative della nostra libera determinazione e autonoma scelta.

Le ritrosie frapposte dall'orgoglio e dagli egoismi personali sono dunque degli intralci vischiosi e inamovibili. Ovvero delle resistenze psicologiche che influenzano pesantemente le relazioni sociali, e che quindi condizionano anche uno sviluppo armonico delle sovrastanti comunità di appartenenza. Che fanno si che la nostra società si esponga facilmente ad azioni prevaricatrici di singoli leader dispotici e che viceversa, negli altri individui, autolimiti ogni afflato di cooperazione e di solidarietà per il bene comune. Così impedendo alle "espressioni concrete" della democrazia di funzionare adeguatamente.

E le recenti involuzioni politico-finanziarie europee, con la mancata solidarietà fra Stati confederati, ne sono il più evidente e impattante degli effetti pratici. Ma anche la concreta dimostrazione che il progresso scientifico e culturale da sé non è bastante. Che non riesce ad incidere più di tanto sulle scarse propensioni aggregatrici dell'indole umana.

Dunque risultano evidenti i limiti d'un siffatto sistema sociale, evoluto ed efficiente da un punto di vista meramente produttivo, ma non "disinibito" e maturo da un punto di vista etico e formativo. Ovvero che non sa superare le ataviche sperequazioni ed i problemi funzionali di sempre: tensioni etniche, demografiche, culturali.

Ma anche le differenze di classe e di censo che ben conosciamo e che negli ultimi decenni, anziché tendere a ridursi, si sono andate inesorabilmente riallargando.

Mentre affronto questo genere di dilemmi emotivamente coinvolgenti e complicati devo ammettere, per onestà intellettuale, che percepisco il rischio incombente di ritrovarmi invischiato nel consueto qualunquistico approccio al problema ... non sono certo, infatti, di saper sfuggire a questo genere di condizionamenti, e dunque mi auguro di saper mantenere sufficiente obiettività per non farmi troppo coinvolgere dai soliti triti e ritriti luoghi comuni e dalle dicerie di infausta memoria ... Dunque da cose che riguardano i "popoli" del mondo e la loro storia, le loro credenze religiose, il loro influsso diretto su vaste aree geografiche, su nazioni, su enclavi etniche e che, spesso, sono state causa prima di gravi guasti sociali.

Per quanto possibile, procedendo nella disamina, sarei perciò orientato ad evitare ogni genere di conformismi e semplificazioni, e tuttavia, come spesso accade per i saggi proverbi dei nonni, devo anche tener conto che i luoghi comuni hanno sempre un fondo di verità (solo un fondo mi auguro!), che però non posso ignorare, e che più avanti richiederà uno specifico approfondimento.

E ciò nell'intento di indagare un qualche plausibile "movente" per le tante anomalie ... una qualche ragione che giustifichi le recrudescenze impreviste e gli arretramenti verificatisi negli ultimi decenni.

In sostanza, direi, senza però saperne comprendere appieno le ragioni recondite, stiamo scivolando nel profondo *"cul de sac"* d'una economia e d'una finanza sregolate e incontrollabili. Perché queste attività, nel loro incontrastato espandersi sui mercati globali, si evolvono ormai come fattori di destabilizzazione monetaria e contribuiscono ad accrescere le sperequazione sociali.

Purtroppo, a tutt'oggi la comunità mondiale risulta ancora sprovvista di antidoti e ricette credibili per contrastare questa sorta di pandemia perniciosa che ci ha infettato!

Peraltro, in questi ultimi decenni, siamo giunti all'incredibile risultato storico che l'1% dell'umanità detiene ormai il 40% della ricchezza disponibile. Fatto questo che accentua le vecchie povertà e ne provoca di nuove e più diffuse e dolenti.

Purtroppo anche risorse "finite" (agricole ed alimentari) vengano sprecate oltre ogni ragionevole tollerabilità, principalmente per fini commerciali ed a "sostegno" di prezzi lucrativi per i "cartelli" commerciali sovrannazionali. Le classiche fonti energetiche, che notoriamente risultano in rapido esaurimento, raggiungano prezzi di mercato al consumo elevatissimi, che penalizzano la produzione industriale e le economie di molti Stati, senza però redistribuire risorse utili all'umanità. Più in generale anche il territorio, già depauperato dalla crescente antropizzazione edificatoria, risulta fortemente "stressato" per lo sfruttamento intensivo e quindi, anche dal punto di vista ambientale, le anomalie climatiche sono sempre più evidenti e perniciose.

E nonostante vi siano studi accurati che affermano che il settore agroalimentare mondiale (ovviamente con il ricorso agli OGM ed alla "industrializzazione" spinta delle colture e degli allevamenti) già oggi produce derrate per almeno 10 miliardi di persone e che, in concreto, le bocche realmente da sfamare si limitino a "soli" 7 miliardi di unità censite, ben un miliardo di individui soffre ancora per denutrizione e per fame. Ma in realtà i numeri omettono di evidenziare e conteggiare gli ingenti danni da sprechi – con perdite superiori al 40% delle risorse prodotte – causati, purtroppo, dalle solite ciniche logiche di profitto correlate al processo commerciale e distributivo.

Si è dunque in balia di scelte autonome e incontrovertibili con finalità privatistiche, operate da una esigua minoranza di persone inidentificabili, da centri decisionali "apolidi" (appena qualche centinaio di grandi operatori globali) che agiscono di concerto sui mercati finanziari e delle materie prime, determinandone andamento corrente e tendenze future.

In realtà trattasi di autentiche lobby che, nell'intento di speculare e lucrare altissimi guadagni sul lavoro altrui, operano senza remore. Senza alcun freno inibitore politico o morale e magari con l'incredibile obiettivo di mandare in default intere nazioni …

Talvolta, infatti, anche intervenendo con azioni concertate e pregnanti, questi grandi gruppi finanziari "globali" – ma anche dei pregevoli Fondi Sovrani con sola finalità di investimento e perfino quei Fondi previdenziali americani, che istituzionalmente dovrebbero tutelare il risparmio dei lavoratori – finiscono per provocare il catastrofico "deragliamento" dei mercati che essi stessi non sanno più controllare.

E magari, al di fuori delle loro finalità istituzionali e per il tramite di prodotti finanziari ad alta "tossicità", come i famigerati "derivati" di infausta memoria (crisi finanziaria del 2008) ed i "Credit default swap", finiscono per scommettere cinicamente sul fallimento di interi stati.

Purtroppo, al momento, nessun atto politico compiuto pare in grado di contrastare efficacemente questo genere di atteggiamenti "terroristici". Queste azioni offensive perpetrate sulla pelle di persone in carne ed ossa.

Tutto pare perfino consentito perché formalmente si agisce in nome della libertà d'intraprendere … d'una retorica che nasconde gli interessi inconfessabili d'un liberismo sfrenato e incontrollabile!

E nel contempo, però, nessuna teoria sociale alternativa vi si contrappone o si rivela credibile per tracciare una mappa di orientamento futuro ... un "qualcosa" di ragionevole che serva almeno ad arginare le più parossistiche mostruosità.

Tutte le azioni politiche si accodano supinamente ai "fatti compiuti" dell'alta finanza e finiscono per prendere atto dell'esistente, e nessuna teoria filosofica – ancorché suffragata da obiettivi umanitari e di etica pubblica – si rivela adeguata e bastante a contrastare l'assetto anarcoide di questo impianto economico ormai globalizzato.

Va detto, peraltro, in barba ad ogni sorta di *black list*, che mancano anche concreti strumenti dissuasivi e di controllo dei tanti "*stati canaglia*" e dei comodi "*paradisi fiscali*" che prosperano nel mondo. Cioè di quelle realtà fraudolente che, favorendo l'evasione e la concorrenza sleale, contribuiscono a depauperare le finanze correnti di molti stati e ad accrescerne il debito pubblico.

Dunque non intravvedo all'orizzonte delle azioni concrete d'autodifesa della "società civile". Ovvero effetti evidenti di quel necessario fervore morale e di quegli atti di contrasto che dovrebbero propendere alla riduzione del perdurante status di dispregio per le elementari regole di equità e di giustizia.

Ma anche un approccio meno moralistico e più "filosofico" e razionale al problema, allo stato dell'arte, mi parrebbe poco convincente. Perché questo fenomeno, manifestatosi in modo così repentino e imprevisto, non è stato ancora sufficientemente indagato e assimilato alla nostra esperienza. Ci vorrà ancora del tempo, e questo non per risolvere specificamente qualcosa di concreto, ma solo per averne piena consapevolezza!...

Tuttavia varrà almeno la pena di rifletterne con calma e di soffermarsi sul tema con appropriato raziocinio, senza farsi prendere da enfasi ingiustificate, ma anche senza avere pregiudizi e reticenze.

Questa è dunque una realtà totalmente nuova per la nostra conoscenza storica, per il nostro *know-how* sociale e, quantunque personalmente nutra seri dubbi su delle munifiche soluzioni al dilemma umano che ci coinvolge, si potrà almeno ricavarne maggiore consapevolezza e serenità di giudizio. Il che non è male oggigiorno!

Storia semiseria
dei popoli e delle comunità

Stando alla teoria evoluzionistica di Darwin e volendo dar credito incondizionato alle scoperte etno-antropologiche del XXI° secolo, la nostra specie, così autoreferenziale, invadente e pretenziosa rispetto alle altre specie, altro non è che una sottospecie delle comunissime scimmie.

Degli *Australopithecus Afarensis* per la precisione!...

O meglio: un derivato d'aspetto glabro e più aggraziato (?) di quelle stesse scimmie pidocchiose che, se avessimo la ventura di inoltrarci nelle foreste vergini del Borneo o del Sud-est Asiatico, nelle savane dell'Africa nera o anche nelle intricate foreste pluviali dell'America centro-meridionale, vedremmo spiccare salti incredibili e vertiginosi sopra le nostre teste e udremmo emettere strida animalesche agghiaccianti. O magari di quelle più familiari e ormai addomesticate (e per altro sorprendentemente "intelligenti" per degli animali) che possiamo comodamente incontrare negli zoo di tutto il mondo.

Di quelle attrazioni per noi irresistibili, che a loro volta ci scrutano dall'interno dei loro recinti con una spocchia ed un distacco quasi da "prime donne" di spettacolo – suppongo perché infastidite dal continuo sentirsi violate nel loro diritto alla privacy (ovvero nel sentir continuamente profanato il loro sacrosanto diritto a grattarsi i genitali in santa pace!) – che intendono forse così rimarcare che gli indiscreti "guardoni" siamo noi che stiamo oltre le sbarre.

O anche di quelle più "sanguigne" e spontanee che scorrazzano libere lungo i percorsi attrezzati degli "Zoo safari", che si rivelano assai più scostumate delle altre perché più selvatiche, e non si curano affatto delle buone maniere e salgono d'impeto sui cofani delle nostre auto insozzando inesorabilmente parabrezza e carrozzeria.

Insomma, non saremmo altro che dei parenti stretti di quelle stesse accattivanti creature, un po' comiche e molto invadenti, che chiamiamo: bertucce, macachi, scimpanzé, orangutanghi ... Creature che spesso incontriamo anche nei circhi e nei parchi divertimento frequentati dai nostri adorati marmocchi, e che d'abitudine inviano strida e orrendi sberleffi verso l'obiettivo della nostra telecamera (utilizzata, si sa, per l'immancabile filmino di famiglia).

Per quanto possa sembrare paradossale questo apprezzamento, parliamo comunque di esseri liberi ed emancipati, di bestiole certamente rozze e impulsive ma anche assai scaltre e intelligenti. Collocabili al top della "ingegnosità bestiale". Cioè di comunità di individui la cui sola regola comportamentale inderogabile è la gerarchia del branco e il cui contesto ottimale di vita è quello che può consentire la sopravvivenza dell'intera specie. Esseri istintivi dunque, guidati da precetti genetici ferrei, di comprensione immediata e rigorosamente rispettati.

Eppure non si può riflettere sulle loro attitudini comportamentali innate e confrontare con noi le tante affinità di specie senza avere presenti anche i nostri limiti inconsci.

Insomma, credo proprio che per meglio capire noi stessi dovremmo anche tener conto delle antiche "tare di famiglia" … e come farlo nel modo più semplice se non riflettendo sul comportamento spontaneo di questi nostri esuberanti "cugini"?

Potremmo cioè far di loro un efficace modello di confronto!...

Pare dunque appurato che a creare l'iniziale scompiglio genetico sia stata una certa Lucy: una scimmietta alta neanche un metro e dieci, vissuta circa 3.2 milioni d'anni fa. Un esserino intraprendente che, per sfuggire alla noia del solito insulso diuturno masticare germogli e ciondolare tra i rami, cercò nuovi stimoli a terra.

E così, quasi inconsciamente, con le sue prolungate permanenze tra le erbe alte e insidiose della savana, si procurò quelle vigorose e significative "scosse" adrenaliniche ed avviò il percorso evolutivo di cui noi ora, in parte, subiamo le conseguenze.

Giorno dopo giorno, infatti, finì per attardarsi sempre più a curiosare nell'area scoperta intorno al suo albero, cibandosi qua e là di insetti terricoli, di lucertole, di piccoli roditori, o solamente soffermandosi a razzolare tra i cespugli in cerca di tuberi e radici.

Così facendo affrancò molte parti del suo corpo da vincoli fisiologici e da usi poco nobili e gregari. Fu così, principalmente, per gli arti anteriori, fino ad allora prevalentemente destinati ad esigenze arrampicatorie. Gradatamente, poté dunque destinarli ad occupazioni più utili e assai stimolanti per la mente, dando a noi, suoi diretti discendenti, l'irripetibile opportunità di ereditare un vigoroso organo cerebrale.

Potremmo perciò definire questa esile e intraprendente creatura la nostra *proto-mamma*. O meglio ... come specificherebbe più appropriatamente un avvocato civilista: la nostra *"dante causa"*.

Ma poco avremmo da gongolare e compiacerci per questa diretta parentela scimmiesca, giacché rimane di tutta evidenza che la poverina non brillasse per capacità fisiche o per acutezza d'intelletto.

E' infatti assodato, e ciò si sa grazie agli enunciati della scienza, che questa specie di scimmie antropomorfe, già in possesso di alcune tipizzazioni che preludevano al futuro aspetto umano (postura semi eretta e dentatura simile alla nostra), si differenziò geneticamente almeno quattro milioni d'anni or sono. Quando cioè il volume stimato del suo cervello era di appena 400/500 cm³.

Inezie, ammetterete, rispetto ai successivi traguardi raggiunti dalla creatività della natura!...Trascorsero infatti altri due milioni di anni di noia grigia, ma anche di lenti e importanti cambiamenti nella scala evolutiva. E dunque, come testimoniano i più recenti ritrovamenti antropologici, in quella arcaica progenitrice, quasi totalmente animalesca, pian piano le analogie umanoidi si affinarono. Fino a pervenire alle fattezze dell'*Homo habilis*: una sorta di goffo scimpanzé che usava con destrezza ossa, bastoni e pietre a mo' d'utensili.

La capacità di usare strumenti fu un "salto" importante nello sviluppo del ragionamento. Purtroppo, però, il cammino evolutivo era ogni momento intruppato d'insidie e cosparso di nuovi ostacoli; cioè caratterizzato da avanzate lente e da rapidi arretramenti. Dunque un percorso molto impervio e spesso assolutamente casuale.

E infatti anche questo primate, come *proto-ominide*, valeva ben poco: statura eretta di circa m. 1,50 di altezza (nei maschi), volume cranico quasi raddoppiato rispetto agli *Australopithecus Afarensis* di partenza, ma ancora insufficiente a garantire un apprezzabile livello intellettivo.

Probabilmente l'*Homo habilis* aveva a lungo convissuto e si era incrociato e sovrapposto ad un suo coevo, ossia ad uno "stadio evolutivo" parallelo più avanzato. E dunque, intorno ai 1,5 milioni d'anni fa (con statura completamente eretta di un metro e mezzo circa, e con cervello di ben 900/1100 cm³.), comparve la "traccia" per noi risolutiva dell'*Homo erectus*.

Costui abitò stabilmente le vaste regioni africane riferibili territorialmente all'attuale Etiopia; ivi giunto, pare, come migrante da un territorio situato ancora più a sud-est, nella profonda depressione della Rift Valley. Riuscendo dunque a compiere felicemente una delle prime importanti transumanze della storia umana, e marcando quindi un raggiunto ulteriore traguardo evolutivo, testimoniato dalla acquisita autonomia di specie autoctona avanzata.

Oggi questo essere così fondamentale ci apparirebbe semplicemente come uno scimmione spelacchiato e rozzo, un po' più alto e slanciato d'un gorilla e un po' più goffo nei movimenti delle nostre scaltrissime scimmie. Un essere che giudicheremmo così tonto e insipiente d'intelletto da far apparire, al confronto, una sorta di "genio" il più stupido individuo della nostra specie. Ma proprio a partire da esso, le peculiarità umane assunsero definitiva e decisa concretezza, perché era dotato di ragionamento e di linguaggio essenziale, e quindi in grado di comunicare verbalmente. Dunque ormai giunto ad uno stadio evolutivo quasi "umano".

Potremmo quindi definire questo "tardo ominide" dalla carnagione scura e dallo sguardo piuttosto ebete, già ricettivo intellettualmente e abbastanza proporzionato morfologicamente (anche se dalle ricostruzioni appare assai "involuto" e di statura bassa e tozza), come un abbozzo d'uomo ... ovvero una sorta di prototipo della nostra specie.

Tuttavia d'aspetto assai inquietante e più simile ad un nostro incubo notturno che ad un moderno essere umano!

Ma quella sua postura eretta si rivelò vincente. E ben presto, con l'abile uso delle mani rimaste libere, si ingegnò a procurarsi le risorse che fisicamente la natura gli negava, utili anche per contrastare le avversità climatiche e difendersi dai nemici.

Si costruì così indumenti e ricoveri confortevoli e, per vincere i predatori, si dotò appunto di armi di difesa. Imparò a scegliere le selci più adatte e a scheggiarle opportunamente per farne utensili da taglio, a lavorare i legni e le ossa per farne bastoni ed armi per cacciare, ad usare le pelli delle prede per farne calzari e pastrani per coprirsi.

Da lui discesero le famiglie dei *Neanderthal* e dei *Sapiens* e poi, da quest'ultimi (circa 200.000 anni fa), con cervelli nel frattempo sviluppatisi fino al volume ragguardevole di 1500/1800 cm³, i primi veri campioni dell'umanità che conosciamo: i *Sapiens sapiens*.

E finalmente la loro più evoluta discendenza ... cioè noi!

Dalle primitive tribù dell'Africa e dell'Europa continentale, ai popoli dell'Asia Minore – Ittiti e Assiro Babilonesi – dagli Egizi ai Fenici, dai Greci ai Macedoni, alle comunità nomadi delle steppe, ai Mongoli, ai Caucasici, ai Cinesi ... finanche alle società mediterranee più "strutturate" dei primi secoli D.C. fu tutto un fervore espansionistico finalizzato alla antropizzazione dei territori vergini.

Poi, giunti al periodo aulico della nostra storia, cioè ai fasti conclamati dell'Impero Romano e successivamente delle corti medioevali europee, ma anche dei ricchi califfati dell'Impero Ottomano e finanche agli splendori di corte del Gran Khan della Cina, si impose una sapiente e "moderna" gestione delle conoscenze e del pensiero filosofico ed una graduale organizzazione urbanistico - ambientale dei territori conquistati.

Ma anche all'altro capo del mondo, in America Centrale (dove si svilupparono le civiltà Inca, Maia e Azteca) e più a nord nelle terre dei "pellerossa", il mondo antico è stato un continuo inarrestabile fermento d'idee e un grande crogiuolo di popoli.

E le varie etnie, man mano differenziatesi, colonizzarono ogni dove. Sicché le discendenze delle scimmie furono invasive e vincenti ad ogni latitudine, su monti e praterie del pianeta. E alfine furono quasi più prolifiche di quelle dei prolifici ratti!...

Ma ogni volta per esse si ripropose il solito fastidioso problema: a periodi di espansione e di pace seguirono periodi di decadenza, di lotte e di guerre ... Tutto questo in un susseguirsi di alti e bassi esistenziali, di inquietanti corsi e ricorsi e di eventi traumatici che ancor oggi danno il senso frustrante della scarsa memoria storica dell'umanità.

Da tutto questo nostro lungo e travagliato percorso che, come specie antropomorfa dotata di ingegno e autodeterminazione, ci onora e ci inorgoglisce potremmo trarre, in estrema sintesi, la enunciazione conclusiva di due grandi verità:

- dai primordi della vita, trascorsa entro oscuri e spaventevoli antri, al periodo eccelso e creativo della grande arte e dell'edificazione delle sontuose dimore rinascimentali, e fino al sorgere dei tecnologici grattacieli dalle altezze vertiginose del Bahrain, quest'essere ingegnoso chiamato *uomo*, grazie al suo intelletto, ha saputo elaborare inimmaginabili teorie scientifiche e superare incredibili difficoltà tecniche;

- ciò nonostante, e per quanto negli ultimi millenni si sia caparbiamente ostinato a sviluppare varie riflessioni filosofiche sulle ragioni della propria esistenza e sull'essenza della sua natura, quel suo stesso potente e creativo intelletto non lo ha mai soccorso su un punto fondamentale, ossia laddove era necessario approfondire gli aspetti funzionali della propria psiche.

E dunque non ha saputo venire a capo di alcunché riguardasse la propria interiore conoscenza.

Nel merito, per la moderna scienza neurologica, pare definitivamente accertato che la più significativa e "potente" fonte di stimoli emozionali esteriori (ovvero di auto-condizionamenti comportamentali reattivi e inconsulti) si origini direttamente in alcuni "antichi" organi interni del cervello (amigdala, e talamo/ipotalamo) e che, in concreto, ne trasponga gli effetti percepibili esteriormente mediante reazioni istintuali quasi inconsapevoli.

Questo genere di comportamento naturale è l'effetto tangibile di pulsioni irrefrenabili, istintivamente indirizzate agli obiettivi primari della sopravvivenza e della riproduzione.

Al più o meno efficace controllo o inibizione di queste pulsioni spontanee (prevalentemente di derivazione sessuale) dovrebbe invece provvedere la parte più giovane e superficiale del nostro cervello.

Nella corteccia cerebrale, infatti, risiedono e interagiscono le nostre geneticamente acquisite capacità di autocontrollo, ossia parti fisiologiche o capacità di ragionamento che i primati non possiedono, dunque anche quei fattori di regolazione razionale e ambientale degli istinti (cioè le interazioni dell'*io* e del *super io* freudiano).

Ma l'operazione non è così semplice come può apparire!... Per il controllo degli istinti intervengono anche dei fattori ambientali e culturali assai complessi, ovvero dei condizionamenti esterni all'individuo stesso.

Da millenni ciò avviene spontaneamente attraverso le tipiche suggestioni di carattere religioso e, in maniera più blanda ma altrettanto "invalidante", anche a causa di altri fattori inibitori della personalità.

Come effetto, ad esempio, d'un pregnante fervore ideologico o d'un forte senso di appartenenza ad una comunità e ad uno Stato. Quale l'epico *"amor di patria"*, per intenderci, che diviene virtù allorquando ci unisce e ci commuove (e riemerge quando udiamo le note del nostro inno nazionale o vediamo sventolare la nostra bandiera in competizioni vittoriose), ma che può anche trasformarsi in valore negativo allorquando prelude ad una distinzione di natura razziale.

In generale, questi condizionamenti esterni vengono serenamente introiettati dal nostro inconscio senza conflitti apparenti, o fattori antagonisti, o traumi. Perché con naturalezza recepiti come "utili" a noi stessi, ovvero come esigenze intangibili per la nostra condizione "subalterna", assai fallace e limitata e pertanto necessitante di socialità.

Questi, tuttavia, sono comportamenti emozionali mutevoli e sostanzialmente gregari, espressi a mo' di surrogati delle naturali carenze fisiologiche e dei limiti innati della nostra individualità.

Comportamenti che vengono sistematicamente repressi quando confliggono con esigenze individuali gerarchicamente più importanti, come appunto le pulsioni sessuali e i loro derivati prevaricanti: istinto di sopravvivenza, smania di sopraffazione e di dominio.

Quindi dei blandi palliativi alle debolezze quotidiane, antidoti a paure che dimorano stabilmente nella nostra psiche e che costituiscono i nostri incubi ancestrali, che costantemente riemergono nel guazzabuglio delle pulsioni psicologiche più intime e profonde.

Queste angosce e questi impulsi forti pare risveglino irresistibilmente una sorta di *imprinting* formativo primordiale, di *"idem sentire"* dell'intelletto umano. Quasi fossero l'emergere di un istinto inscalfibile e ripetitivamente coniugabile a refrain infinito.

Qualcosa di durevole dunque, di genetico, che ogn'uno di noi può facilmente identificare in sé stesso e nei propri simili. Ma che si può anche, rispetto alle sottili differenze di cultura e di razza, grossolanamente classificare in un dato contesto con un semplice screening toponomastico delle civiltà e delle lingue.

Queste forme arcaiche e inscindibili di condizionamento culturale, per così dire, sono delle dure corazze ... delle sovrastrutture comportamentali assai robuste ed efficaci che da sempre influenzano l'inconscio umano e ne determinano le condotte più coercitive e durature.

Sono delle pulsioni funzionalmente endogene ai bisogni della psiche. Dunque una sorta di risorse adrenaliniche che soccorrono gli individui dalle insicurezze esistenziali in funzione di imprescindibili esigenze di continuità della specie. Che si sostanziano dal nostro stato di disagio provocato dalla percezione di limitatezza propria della razza umana.

Stati d'animo cioè, che forniscono delle rassicurazioni tangibili rispetto all'*horror vacui* d'un percorso oscuro che ci attende oltre la vita. Sono, in un certo senso, biologicamente necessitate e pertanto organiche ai nostri comportamenti. E vengono perciò da noi spontaneamente accettate e introiettate senza ribellioni.

Purtroppo, però, questo tipo di "propensioni naturali" non forniscono alcun incentivo a procedere verso comportamenti più etici, o a recepire le regole di socializzazione che sottendono alla vita d'una comunità complessa ... al rendiconto equitario dei diritti e dei doveri, anche nei confronti dei nostri simili. La natura umana, si sa, come del resto avviene anche per gli altri esseri viventi, non ama gli sprechi ed eroga spontaneamente solo l'impegno minimo necessario ad ottenere il massimo tornaconto individuale possibile.

Tutto il resto della nostra educazione viene in effetti istintivamente percepito come avulso o addirittura ostile, come sovrastruttura invasiva della nostra intima libertà d'azione. Come un insieme di regole comportamentali imposte dalla società "matrigna", cioè estranee agli stretti ambiti protettivi di sé stessi ... Come cultura inculcata da altri e dunque mal sopportata. Oltre questo confine può intervenire solo la consapevolezza e l'intelligenza!...

E da qui l'inevitabile insorgere di conflitti tra le naturali esigenze della individualità e le limitazioni necessitate dalla convivenza.

Voglio dire, in sostanza, che il limite per costituire una società più giusta, equa e solidale (in un certo senso quale quella vagheggiata da Marx e mai giunta ad un approdo pratico soddisfacente o, almeno in parte soddisfacente, quale quella riferibile a Keines) sta nella genetica della nostra specie.

Dunque nel permanere di fobie profondamente radicate dentro la nostra carne, che hanno costantemente impedito di superare la linea di demarcazione comportamentale propria della natura umana. Ovvero quel limite oscuro che ha sempre impedito di eliminare le violenze e le iniquità che la storia ci attribuisce.

Se, dunque, dovessimo dar credito a quelle dicerie popolari che rasentano il gretto conformismo o, peggio, che sono delle probabili radici d'attecchimento del razzismo, e che tuttavia qualcosa di vero debbono pur rappresentare se vengono continuamente evocate e se poi nella realtà funzionano (!), diremmo che molta parte dei mali del mondo trovano spiegazione nelle stesse nostre tipizzazioni genetiche (pulsioni naturali irrefrenabili) e nei persistenti limiti etici e relazionali delle varie comunità. Esistono infatti incongruenze paradossali nei comportamenti umani in varie aree del mondo, che appaiono semplicisticamente come frutto di mancati processi evolutivi, di arretratezze e mancanza di civiltà ... Ma sarà proprio così?

Parlando d'un continente immenso e pieno di problemi come l'Africa, ad esempio, ovvero d'un territorio antico abitato da popoli dalle tradizioni arcaiche (destinati peraltro a soccombere più di altri per gli effetti destabilizzanti della moderna "economia globalizzata"), non potremmo evitare i rischi sopra paventati di cadere in pregiudizi razzistici.

Tuttavia neanche possiamo fingere d'ignorare alcune amare verità che molto dicono rispetto ai limiti propri della intera umanità. Ovvero anche constatare:

- che la generalità delle etnie dell'Africa nera, indistintamente, soffro-
no il rapporto con gli "occidentali emancipati" e sono intolleranti e
refrattarie al loro concetto di "modernità";
- che i nativi sono restii ad affrancarsi dal retaggio culturale della
"selvatichezza", che di fatto li lega strettamente agli istinti del branco
ed a pratiche predatorie millenarie, radicate nella mentalità arcaica e
originariamente finalizzate alla difesa ed alla caccia, e che perciò sono
ostacolo al loro affrancarsi dagli antichi riti tribali e dalle superstizioni
più assurde;
- che, nei comportamenti individuali più genuini e spontanei, l'espletarsi inconsulto dell'istinto primario – d'indole assai elementare e
diretta – pone i singoli e le comunità in posizione antitetica rispetto
alla complessità quasi caotica del "mondo civilizzato occidentale";
- che i popoli nativi dell'Africa nera, non avendo storicamente vissuto
e condiviso i passaggi significativi della "civiltà industriale", ancor
oggi mal sopportano culturalmente ogni tipo di organizzazione sociale
e del lavoro che viene loro – da altri – formalmente inculcata;
- che, infine, anche le loro relazioni sociali ed emotive con il resto del
mondo risentono di queste resistenze ad "adeguarsi", e inevitabilmente li collocano quasi in posizione di incompatibilità con la <u>cultura
prevaricante ma univoca</u> delle società civilizzate.
In effetti, anche quelle frange di comunità più benestanti e colte (e da
tempo inurbate) hanno scarso desiderio di "integrazione", e semmai
propendono al mero sfruttamento dei vantaggi personali offerti loro
dalla incombente "civilizzazione". Restando cioè di fatto avvinte tena-
cemente alla loro cultura identitaria e ad uno status di riferimento
arcaico che afferisce alla organizzazione tribale "proto-agricola".
Regolata cioè da principi e reminescenze collegate ad una attività
quotidiana di raccolta dei prodotti spontanei del territorio, o tutt'al più
finalizzata a produzioni di sussistenza, monoculturali ed estensive. In
genere facenti capo a lavorazioni manuali poco produttive, senza
apporto di tecnologie e che dunque mal si conciliano con le esigenze
dei moderni mercati.
E quindi, senza ipocrisie, direi rimaste irrimediabilmente legate a
concetti ancestrali risalenti grossolanamente all'"Età del ferro".
Ma dalla analisi storiografica su questi popoli, che in origine bene-
ficiavano d'un proprio raggiunto equilibrio culturale e demografico,
emergono anche le pesanti colpe delle nazioni coloniali europee. Per
l'insensibilità dimostrata con le indebite ingerenze e per le pretestuose

intromissioni, a fini mercantili prima e poi espansionistiche, futilmente giustificate dal dover compiere missioni "civilizzatrici".

Esse infatti hanno sistematicamente rapinato risorse senza, per contro, assumersi l'onere d'integrare culturalmente le popolazioni indigene, e di formare classi dirigenti morigerate e colte per un autonomo governo futuro. Lasciando poi queste genti, per secoli vessate e sottomesse, e spesso anche ridotte in schiavitù, in totale abbandono e in balia dello sbando istituzionale. Confuse in un caos identitario che ancora oggi le penalizza e non offre loro prospettive di integrazione.

In quasi tutte queste nazioni, infatti, formalmente autonome ma prive di reali istituzioni democratiche, prosperano al potere vari dittatorelli da strapazzo. Marionette ignoranti che, grazie alle generose "royalty" loro corrisposte dalle varie multinazionali presenti sul territorio, mantengono dei loro eserciti privati di individui senza scrupoli, sanguinari e violenti, con i quali perpetuano i soprusi sui ceti popolari più indifesi. Dunque, quasi sempre, per la suddetta carenza di istituzioni adeguate e per la scarsa propensione alla solidarietà ed alla condivisione di valori culturali "avanzati", all'interno delle comunità stesse si instaurano dei regimi tribali populistico-anarcoidi. Organizzati per "classi d'interesse", per etnia e spesso anche per fede religiosa, protetti capillarmente da bande territoriali prevaricatrici e violente.

Ma queste situazioni, così eclatanti in Africa, riguardano anche altri continenti, altre culture relativamente più evolute. Magari manifestantesi in forme più subdole e nascoste, spesso condizionate da una religiosità integralista o magari da presenza mafiosa, i cui effetti deleteri constatiamo ogni giorno ... senza peraltro si sia in grado di immaginare un loro sbocco positivo nella società futura.

Ciò che ancora oggi costituisce il maggiore ostacolo ad uno sviluppo ordinato, solidale e condiviso della società umana, che ancora ci costringe a definire come "minore dei mali possibili" una *democrazia parlamentare elettiva* - che è assai lenta a decidere - e che quindi non ci consente di avere un sistema pienamente funzionale e giusto, è dunque il persistere d'un male inguaribile che sta dentro di noi.

È un insulso e parossistico limite comportamentale che potremmo anche definire *"individualismo compulsivo"*... o magari, più semplicemente, *"stupidità"*!

Ormai solo una risata ci salverà.

A proposito di *"stupidità umana"* ... si son versati fiumi d'inchiostro per venirne a capo. Per condannarla, giustificarla ... talvolta anche per esaltarla come valore positivo (leggasi: comprensione per i *"poveri di spirito"*!). Io stesso, fin dagli anni giovanili, mi sono infervorato non poco per svilirla a limite grave della persona singola e a male assoluto dell'umanità. Per denunciarne i guasti provocati alle nostre vite, a causa della mortificazione delle conoscenze e dell'ingegno.

Anche se continuamente ne dibattiamo, però, questo problema non trova soluzione. In letteratura è stato già affrontato innumerevoli volte da grandi e saccenti autori; insieme al tema dell'amore penso sia stato l'argomento principe di ogni loro compunta riflessione.

Eppure, per definirlo appropriatamente, ora non saprei trovare forma migliore di quanto Fëdor Dostoevskij - in "Delitto e castigo" - fa dire al suo protagonista: - *"Allora mi domandavo continuamente: perché son tanto stupido da non voler essere più intelligente degli altri? Lo so che gli altri sono stupidi e son convinto di esserlo anch'io. Poi ho capito che se avessi voluto aspettare che tutti fossero diventati intelligenti, sarebbe passato troppo tempo ... Poi ho capito anche che questo momento non sarebbe arrivato mai, che gli uomini non cambieranno mai e che nessuno riuscirà a trasformarli e che tentar di migliorarli sarebbe fatica sprecata!"*

Le storie dei popoli possono darci un metro di valutazione esaustivo su quanto abbiano influito e influiscano sulle nostre azioni le varie forme di stupidità. Tra cui, per l'appunto, le superstizioni, le credenze salvifiche di matrice religiosa ed altri condizionamenti di origine "emozionale", di cui anche si accennava nel precedente capitolo.

Oltre a ciò che ci avvince indissolubilmente ai nostri istinti primordiali, legati quindi alla originaria matrice "bestiale" dell'essere umano, molto di quanto a tutt'oggi ci influenza problematicamente, rispetto cioè al livello "atteso" della nostra evoluzione, perviene da condizionamenti esterni inculcati dalla "retorica" sociale e da interpretazioni abborracciate della storia, sempre scritta a comodo e onore dei vincenti.

Dico subito, pertanto, che molta parte di ciò che si dà per scontato in questa materia "sensibile" potrebbe in parte rivelarsi frutto di luoghi comuni e di mistificazioni poco utili alla nostra analisi. Ovvero essere influenzata da convincimenti popolari sedimentati nel tempo, e tuttavia per noi assai indicativi del contesto culturale a cui l'umanità rimane per altre vie ancora soggetta. Comunque sia, rimangono i fatti oggettivi ... E sono pesanti!

Parlando dunque delle vicende dei nostri antichi progenitori, sappiamo bene quanto spirito di sottomissione e quanta credulità condizionasse i comportamenti delle masse più indigenti, e invece con quanta arroganza e disprezzo i potenti trattassero la plebaglia indifesa.

Nelle civiltà precolombiane dell'America centrale, ad esempio, come peraltro in quasi tutti gli altri popoli dell'antichità, era diffusa la pratica della schiavitù e del diritto di vita e di morte sui sudditi.

Ma la violenza e il disprezzo che i principi-sacerdoti Aztechi (o anche Inca e Maya) esercitavano nei confronti delle tribù sottomesse non aveva allora eguali nel mondo conosciuto.

Nell'anno 1486, nella città di *Tenochtitlan*, capitale dell'impero Azteco, nel corso della cerimonia di consacrazione del nuovo tempio dedicato al dio *Huitzilopochtli*, vennero compiuti dei sacrifici umani durati svariati giorni. In quella occasione vennero bestialmente catturati e squartati sull'altare sacrificale, con metodiche quasi "industriali", ben 70.000 schiavi indigeni.

Tanto orrore e tanta violenza bruta verso i più deboli forse è rimasta nel tempo insuperata per suggestione e crudeltà, ma non per qualità, e le vicende storiche abbondano di episodi simili.

Episodi incredibili e orripilanti che non dovremmo mai dimenticare per non ripeterli, se non altro perché sono copiosamente accaduti e, purtroppo, ancora accadono nel nostro tempo "progredito".

Tempo recente, in cui ci si è spinti fino a deportare e sterminare intere comunità e popoli!

E ancor prima ... più o meno in contemporanea con i raccapriccianti sacrifici Aztechi che avvenivano in America, qui nella tanto avanzata Europa, faro culturale dell'Occidente (invero con più subdola e malcelata violenza che altrove), venivano compiuti eccidi e nefandezze d'ogni tipo!

Violenze ingiustificabili contro minoranze religiose, contro eretici o presunti stregoni e iettatori, ma anche contro comunità di zingari e contro anarchici e intellettuali "dissidenti".

E neanche dobbiamo mai scordare come, ai tempi della *Santa Inquisizione*, ogni senso etico e di umanità venne sommariamente calpestato in nome d'un fervore religioso spesso condizionato da convenienze economiche e da mire del potere "secolare".

Vennero allora sistematicamente mandati al rogo - con abusi e torture e dopo lo svolgersi d'un processo sommario - tutti coloro che non seguivano il "pensiero unico" dominante, contemplato cioè dai *dogmi* della chiesa.

In tempi più recenti, tralasciando di soffermarci sul "solito" sterminio del popolo ebraico (che merita un'evidenza particolare per la sua efferatezza, ma che è comunque a tutti ben noto), nella sedicente progredita Europa, tra omertà e silenzio, venivano perpetrati altri immani genocidi di cui si sa poco. E comunque, anche oggi, in tante parti di questo evoluto continente, varie scomode minoranze razziali o interi popoli risultano perseguitati ed esposti a soprusi inusitati, se non addirittura a subdoli tentativi di moderno sterminio etnico (Ceceni).

Genocidi e "pulizie etniche" che ci riguardano dunque, e che negli ultimi secoli hanno colpito le invise comunità nomadi o apolidi, come Rom e Sinti, ma anche intere popolazioni stanziali, come: Polacchi, Armeni, Slavi - Cossovari, Ceceni, ecc...

Verso la fine del XIX° secolo, peraltro, allorché le fortune dell'Impero Ottomano cominciarono a scemare sotto la spinta offensiva delle sante alleanze d'occidente, il sultano turco *Abdul Hamid II°* colse abilmente le contingenti opportunità geopolitiche per sistemare temporaneamente le sue critiche questioni interne. Così indirizzò il malcontento per il crescente malessere sociale e la rabbia delle povere comunità mussulmane indigenti, maggioritarie nel suo impero, verso il redivivo nemico "infedele". Impose su tutto il territorio una *Sharia* (legge coranica) che fin da subito comportò gravi conseguenze per le minoranze etniche di credenza cristiano-ortodossa. In particolare scelse il popolo Armeno come comodo capro espiatorio, e contro di esso incoraggiò ogni sorta di persecuzione e massacro.

Questo era un popolo prospero e colto, che abitava fin dalla preistoria un territorio caucasico incuneato tra Turchia, Iran e Azerbaigian; per secoli diviso da confini politici e dilaniato da contese territoriali tra le nazioni contermini, e quindi esposto ad ogni angheria.

47

Il risultato di queste persecuzioni fu l'eccidio di almeno 300.000 individui. Uomini e donne, compresi vecchi e bambini, barbaramente trucidati e depredati d'ogni loro avere materiale e ... spirituale.

Ma le sofferenze per questa comunità non ebbero fine; e infatti, appena una decina d'anni più tardi, approfittando delle colpevoli "disattenzioni" delle grandi potenze e delle montanti tensioni che ben presto sarebbero sfociate nella I° guerra mondiale, l'emergente gruppo nazionalistico dei *Giovani Turchi*, guidato da un ufficiale di cavalleria di nome *Mustafa Kemal Ataturk* (meglio noto nel suo paese come *"padre della patria"*), compì altre efferatezze indicibili. Altre deportazioni ed altri massacri.

E in quella occasione – si è poi valutato – morirono di stenti, per le deportazioni forzate dai territori estremi dell'Anatolia verso Smirne, oppure trucidati barbaramente lungo il percorso da bande prezzolate di predoni Curdi, almeno 1.500.000/2.000.000 di cittadini inermi e incolpevoli.

Al di là della giustezza dei numeri – ancorché contestati ufficialmente nelle grandezze, ma comunque impressionanti – ciò che è grave è che l'emergente nazione Turca, che da anni si candida ad entrare nella Comunità Europea come membro di diritto, ancor oggi si ostini a negare o a minimizzare il fatto storico!...

Nell'Africa nera, tanto per rammentare un'altra pagina buia della nostra storia recente, i primi importanti contatti del "mondo civilizzato" con le tribù indigene dei territori interni avvennero fin dagli inizi del secolo XI°, e si svilupparono prevalentemente ad opera di commercianti arabi e indiani.

Già allora, e via via sempre più frequentemente, oltre alle merci, presero la strada d'oriente carovane di poveri esseri umani ridotti in schiavitù.

Ma fu tra il XV° ed il XVIII° secolo che, a seguito delle prime importanti conquiste coloniali da parte delle potenti nazioni europee, prosperò il più fiorente e sistematico commercio di braccia umane.

Ovvero di carni viventi senza diritti, se non per la mera salvaguardia dell'intrinseco valore merceologico, in quanto appunto "forza lavoro".

Destinate quindi a deperire per naturale consunzione "energetica" nelle estese e floride piantagioni americane.

Furono circa 11 milioni gli individui rastrellati e deportati come bestie dai "negrieri" europei, salpati su navi stipate all'inverosimile, senza igiene e con scarse razioni di cibo e di acqua, per la destinazione d'oltreoceano.

Centinaia di migliaia di individui giovani e inoffensivi, di cui alla partenza venivano stimate come perdite di valore merceologico perfino le inevitabili "fallanze" del viaggio, morirono di scorbuto e peste. Catturati senza riguardo per etnie e per nuclei famigliari presenti, e "stoccati" come merci inerti nei depositi di ammassamento posti a ridosso degli imbarchi portuali della Liberia.

Anche in quella circostanza, come in altri precedenti o successivi analoghi ferini accadimenti, nessuna chiesa caritatevole insorse, nessuna istituzione benemerita aggrottò un sopracciglio di disapprovazione. Anzi: ancora in pieno secolo XIX°, coloro che contrastavano le istanze libertarie degli Stati unionisti del nord, lo facevano brandendo fieramente una croce!...

Cos'altro ancora dovremmo aggiungere ai ricordi raccapriccianti per evidenziare le brutture e gli orrori che costantemente hanno accompagnato l'evoluzione della nostra specie?!

Ma le nefandezze sono state infinite ... indicibili, disumane, sia private che pubbliche. Contro uomini, donne e bambini, senza neanche le ipocrite distinzioni pietose per i più indifesi ... Tanto che oggigiorno, pur con le sofferenze ed i problemi che continuiamo ad avere, potremmo perfino definirci dentro un ciclo umanitario virtuoso.

E tuttavia lascio a voi stessi enumerare le quotidiane violenze che, per volontà dell'uomo, ancora accadono nelle varie parti del mondo.

Vi pare dunque che un tale genere di essere vivente, dall'istinto prevaricante e aggressivo, invadente, egoista, spesso irragionevole, possa definirsi civilizzato?

Io ho ritegno e disgusto a definire tale anche un certo tipo d'uomo comune, un individuo che definirei "borghese benpensante", talvolta dall'apparenza altezzosa e irritante ma anche mite e educata, che incontro all'ora del caffè al bar ogni giorno!

Pare dunque che la scimmia "Lucy" abbia perso la sua sfida epocale. Molto del suo incerto cammino la nostra specie ha già percorso verso la felicità universale, ma ancora non sa come raggiungere la meta. E questa nostra cruenta e incongrua "modernità" è anche il tangibile compendio che ne sancisce la sostanziale sconfitta.

Se ciò tuttavia potesse consolare il nostro amor proprio ... o almeno salvarci l'onore e un poco emendarci dalla residua ottusità animalesca che ci appartiene, magari anche valorizzare e giustificare le tante fatiche spese nell'evolverci fisiologicamente fino al livello presente, invocherei perfino, a pretesto, l'unico dono davvero "divino" che concretamente abbiamo ... un dono che nessun altro primate può vantare. Che si concretizza esteriormente in quell'espressione facciale che sa tramutarsi in sorriso. E che dunque testimonia la presenza di una "anima" emozionale e sensibile. Che evoca la consapevolezza di sé e che discerne l'*io* cosciente e autodeterminato dalla sterile visione dell'immagine scimmiesca riflessa allo specchio ... Magari anche in quel gaio esaltarsi e nello spontaneo sorriso che sgorga ogni tanto dalla bocca d'un bimbo innocente.

Ma anche in quello più consapevole e sottilmente allusivo d'un valente comico, o nell'atteggiarsi sarcastico che accompagna le battute taglienti della grande satira, e che purtroppo resta prerogativa di pochi individui speciali.

Dono raro dunque, concesso solo a soggetti particolarmente evoluti e sensibili che trascendono i bisogni "pedestri", che aborrono i compromessi e le miserie umane, che possiedono non solo cultura e competenza ma anche senso di dignità e cognizione del valore intrinseco e delle conseguenze delle proprie azioni. Che manifestano disinteresse per le meschinità e per le lusinghe del potere e del privilegio. Non scimmie evolute dunque, ma autentici e fragili *esseri umani*!

Purtroppo, come si è detto, un dono che resta privilegio di pochi. Troppo pochi per cambiare una intera società! Ma che tuttavia è tutto ciò che ci resta per poter continuare a sperare di cambiarla in futuro!

Cos'altro dire ancora su questo problematico presente?...

Tra tutti gli istinti "invincibili" che affiorano dal nostro inconscio e che nei lontani trascorsi bucolici sono perfino serviti a garantire la sopravvivenza della specie (ma che nella vita moderna valgono ben poco), e tra le tante fisime irrazionali che ancora deformano la realtà percepita e che ad essi si sovrappongono e si sommano in catastrofiche sinergie comportamentali che conducono al baratro, forse è il caso di dire che è ben poco credibile un tardivo ravvedimento e che, forse, solo una fragorosa risata salverà il nostro onore di umani!...

Dicotomie tra potere e governo.

Da quanto fin qui emerso su limiti umani e malfunzionamenti della società globalizzata restano dunque pochi dubbi sulla malattia che continuamente ci affligge. Talmente pochi che, se dovessimo impostare il ragionamento solo sotto l'aspetto dell'anamnesi clinica generale del pianeta, dovremmo subito dire che la patologia ha ormai raggiunto la sua fase cronica.

Talché tutto in questa materia concettuale parrebbe perfino scontato, ovvio, geneticamente prevedibile ... e nei secoli e nei millenni ogni compiersi d'azione storicamente rilevante è stato sempre, nell'esito concreto, uguale a sé stesso.

Come se l'espletarsi del potere di indirizzo e di governo, che ci necessita per convivere in comunità, e l'esercizio dell'intelligenza regolatrice degli equilibri e della funzione umana fossero incompatibili. O perfino tra loro in antitesi.

Quasi che empiricamente si assoggettassero alla legge fisica delle forze contrapposte e, come sempre accade per i poli di calamita a carica uguale, per fare un esempio, anziché attrarsi vicendevolmente si respingessero a oltranza!

In esito pertanto a tutte le istanze, agli auspici, ai desideri ed alle considerazioni generali precedentemente espresse su storia passata e presente, sarà bene prendere atto sin d'ora che questo genere di problemi ci accompagnerà anche nella nostra vita futura ...

O perlomeno dovremo renderci consapevoli che questa nostra sindrome acuta e pregnante di egoismo e di stupidità sociale, quantunque la si voglia interpretare con ottimismo, non è l'equivalente d'una malattia influenzale transitoria a valenza stagionale. È ben altro!...

È certamente un "brutto male" - forse incurabile - di origine genetica, e perciò ci dovremo convincere fin d'ora che non guarirà né presto né bene ... come purtroppo molti sprovveduti, inguaribili ottimisti, ancora si attardano a sperare.

Stiamo dunque vivendo in questi anni le fasi più acute d'un dramma sociale inaspettato, che ci appare inverosimile e ci sconcerta, perché originato da sconvolgimenti epocali e da fattori finanziari imponderabili. E pare quindi sia il nostro livello di civiltà e la nostra organizzazione sociale ad essere messe in discussione.

Oltre ai disagi della crisi occupazionale, infatti, provocata dalle ripetute *"delocalizzazioni produttive"*, ultimamente si è anche aggiunta un'angoscia mai provata prima per il quotidiano oscillare dello *"spread"* sui debiti sovrani. Cioè d'un differenziale finanziario importante, d'un fattore di costo vitale per le economie degli Stati ... D'un arcano "sfuggente" e impietoso che, come un vampiro, ci toglie un po' di sangue ogni giorno per non farci morire, ma che può anche condurci irrimediabilmente al default.

D'un indice finanziario convenzionale che è ormai fuori d'ogni controllo razionale e resta purtroppo totalmente esposto ai cinici *"sentiment"* degli speculatori internazionali.

Ciò si verifica come conseguenza evidente d'una sorta di isteria collettiva alimentata da timori (spesso) irrazionali sulla solvibilità di molti Stati sovrani, indistintamente ubicati dal nord al sud del mondo e ormai guardati con sfiducia crescente ... a prescindere.

Anche se, in qualche caso, essi presentano ancora buoni "fondamentali" e strutture produttive solide che non giustificherebbero una tale discesa del *rating*.

Dunque irrazionalità e tecnicismi che però portano ad esiti dirompenti sull'affidabilità di quegli stessi titoli di debito pubblico (per noi: BOT, BTP e CCT) che fino a meno d'un anno fa erano addirittura considerati beni rifugio per il piccolo e indifeso risparmiatore.

Cosa può aver provocato questi stravolgimenti?

Nella retorica trionfalistica del "dopo caduta muro" le pratiche liberiste parevano insuperabili nel poter dare nuovo impulso alla crescita universale, e anche nel riallocare benefiche risorse finanziarie che mettessero finalmente in gioco le economie marginali dei paesi sottosviluppati. Dunque anche a dare dignità e libero sfogo ad ogni iniziativa privata speculativa.

Non solo!... Ci dicevano con sussiego certi esimi economisti – allora molto in vista sulle copertine patinate dei rotocalchi – che questi nuovi afflati libertari, che scioglievano finalmente gli inutili lacci e laccioli delle regole sociali e gli orpelli residuali del deprecato socialismo, potevano addirittura favorire un'espansione illimitata delle economie del terziario avanzato.

Parevano cioè, detto metaforicamente, perfino adatti a incrementare il nostro PIL senza quasi dover muovere un dito!

Mirabilie della nuova propaganda (o insipienza) globalizzata insomma, bastava crederci!... Come in quel vecchio spot del *Confetto Falqui* contro la stitichezza: << Basta la parola >> e ... tutto si aggiusta!

Però, dopo appena poco più d'un decennio di speranzoso auto convincimento e di generale soddisfazione, ci dobbiamo ora frettolosamente ricredere perché tutto sta crollando.

E infatti siamo costretti ad interrogarci su che cosa stia realmente accadendo in questo travagliato inizio di millennio, specie in questo scorcio di 2012, *"hannus horribilis"* del liberismo globale.

Lasciamo pur stare, tra le concause possibili di recriminazione, i reiterati comportamenti gaudenti e spendaccioni delle genti mediterranee, o anche le sconcertanti e improvvide *"burlesque"* che hanno infangato la credibilità del nostro vituperato "stivale".

Evitiamo perfino di sottolineare i recenti episodi incresciosi di interferenze gravi (verificatisi anche a mercati finanziari aperti) delle tre principali Agenzie di rating americane che, più che a informare, paiono sempre più scopertamente finalizzati a incoraggiare l'attacco speculativo a questo o quel Paese in difficoltà.

Magari evitiamo anche di rifugiarci dietro le solite scuse autoassolutorie d'un complotto universale ordito dagli adunchi sionisti, o da non meglio precisati *"Poteri forti"*, o dalle incontrollabili mafie internazionali. Sospendiamo altresì ogni giudizio su certi comportamenti maldestri di vari governanti europei e (un po' meno) sui persistenti conflitti d'interesse tutt'ora in atto in molti paesi.

Su tutte queste miserie, vere o inventate, stendiamo dunque un velo pietoso di commiserazione e d'oblio. Perché, fortunatamente, siamo convinti che queste situazioni contingenti rimangano nel novero di episodi circoscrivibili. Cioè nell'ambito degli sporadici "scivoloni" che la storia ci documenta periodicamente, e quindi sperabilmente limitate nel tempo e nelle conseguenze.

Ritengo peraltro siano effetto e non causa di ciò che attualmente ci penalizza e ci affligge, dunque non strutturali al modello (pessimo) di funzionamento a cui il liberismo si ispira.

Tuttavia non possiamo non rimarcare (e, in quanto dato di fatto incontrovertibile, è la vera cosa che spaventa!) che la politica regolatrice degli abusi e dei soprusi si è costantemente rivelata inadeguata alle bisogna. Che tolleranze e complicità di Istituzioni sovranazionali hanno lasciato campo libero a questi attacchi speculativi, non curandosi delle conseguenze dirette sui cittadini che rappresentano.

Attacchi, peraltro, che classi dirigenti più avvedute avrebbero potuto contrastare subito con efficacia. E perciò sorge il dubbio che non avessero pienamente la percezione dei valori in gioco e delle loro tragiche conseguenze ... o forse, più semplicemente, perché gli attacchi subiti non cambiavano l'ordine delle loro priorità individuali.

Attacchi virulenti comunque, incontrastati, sistematici e gravi. Quasi come in una virtuale guerra economica combattuta via etere, contro cui, come accade da sempre per le vere guerre di sangue e di morti, concretamente nessuno fa nulla.

Dunque: era d'uopo e perfino scontato che questa azione destabilizzatrice, per l'intrinseca vulnerabilità dell'Euro, colpisse in primis l'apparato finanziario e bancario europeo nei suoi punti più deboli. E che, man mano che l'azione stessa va prendendo concretezza e si rafforza, coinvolga i mercati a livello più esteso, ponendo le basi per futuri "scenari" assai gravi e dalle conseguenze imprevedibili.

Sicché ora si prospettano guasti e doglianze per tutti indistintamente, in un sempre più evidente sprofondare dentro l'ineffabile fanghiglia dell'ottuso protezionismo. E questo fatto non ha eguali per ampiezza nella storia recente dei Paesi occidentali avanzati!...

Un grosso problema dunque, un disastro economico mondiale inaspettato (originato anni fa da "bolle finanziarie" fuori controllo) che non ha riscontri di così estesa "contaminazione" neanche in riferimento al corso della rovinosa crisi finanziaria del 1929.

Allora, però, non esistevano *"derivati"* ed *"hedge funds"* e una classe politica motivata e lungimirante, capeggiata dal presidente Franklin Delano Roosevelt, fu subito all'altezza della situazione. Seppe infatti reagire brillantemente, imponendo le sue direttive e avviando un ciclo di riforme e di investimenti denominato *"New deal"*.

Oggi, purtroppo, siccome al peggio non c'è mai limite, oltre ai problemi concreti e ineludibili della recessione e di una specie di dislessia tra il linguaggio criptico della finanza e la economia reale, siamo letteralmente in balia d'una pavida e inetta classe politica mondiale (almeno intesa nei suoi vertici istituzionali più rappresentativi), ovvero d'una classe dirigente inerte e asservita alle lobby, culturalmente incapace di decidere e magari anche sprovvista di valori morali.

Anzi: assai più preoccupata di assecondare i desiderata del proprio elettorato e a proteggere i propri meschini interessi di mantenimento del potere che di agire per il bene comune.

Dunque non pare ci sia scampo alla noncuranza e alla pavidità dei "potenti", alla loro scarsa lungimiranza e alla mancanza anche formale di quello *"spirito di servizio"* che albergava copioso perfino nella retorica democristiana d'altri tempi (sommesso, curiale, ambiguo ... ma mai arrogante!). Quindi, per capire meglio, dobbiamo anche indagare su ciò che talvolta non è esplicito, che è solo mentale. E guardare in faccia la realtà, ripartendo proprio da quel punto negativo che ha appena definito il ragionamento.

Ripartire proprio da quel punto finora assodato e all'apparenza irrisol- vibile ... ossia: dalla constatazione che quella organizzazione sociale vasta, che avrebbe ogni motivo per migliorarsi, in realtà non lo sa fare. E ciò vorrà anche dire spingerci oltre i limiti d'un giudizio sui com- portamenti esteriori delle persone singole. Insistere nell'esame comparato di quell'area conflittuale tra confini della psiche, condizio- namenti culturali e, più in generale, potenzialità del cervello umano.

I punti critici di funzionamento d'uno Stato stanno da sempre nelle inadeguate capacità di governo *super partes* espresse da chi detiene il potere decisionale. Dopo i primi tentativi di autogoverno delle Polis greche, peraltro presto naufragati, che agivano secondo i principi della democrazia diretta (dove uno vale uno!) e seguendo rigide regole di cura del bene pubblico, ispirate alla filosofia, prevalsero demiurghi e tiranni che agirono in conto proprio.

Fu da allora che la separazione tra chi governa e chi riforma e "pensa la società" si fece estremamente netta. E, dopo millenni, ecco alfine i concreti risultati di questo dualismo mai risolto!...

A chi dimostra talento naturale per imporsi al consenso delle masse certamente non necessita possedere il dono biblico delle quattro virtù cardinali! Non gli occorrono le qualità necessarie per regolare e risolvere i dubbi del governare con giustizia, misura ed equità (per lui inutili sforzi poco gratificanti!), ma gli è utile invece possedere primariamente abilità retoriche, saper dispensare sogni, usare sfronta- tezza e cipiglio da incallito demagogo.

Credo, in sostanza, che il valente politico pensi convintamente che ciò che non è utile a sé stesso non serva ... E dunque, quasi fosse un suo nobile diritto, con gran sfrontatezza e irsuto "pelo sullo stomaco" mil- lanta le sue false promesse e incanta senza remore i gonzi.

È il suo mestiere, non ci si scandalizzi!... È così che ormai conce- piamo il suo ruolo nella società.

Essendo peraltro ben consapevole che le masse hanno memoria corta, egli sa che una promessa mancata è presto dimenticata ... Molto, molto meno importante (per mantenere il consenso) d'una nuova accattivante promessa scodellata ogni giorno.

Mi chiedo, ad esempio, chi potrebbe aspettarsi, scorrendo il curriculum d'un militare in servizio, di veder evidenziate - come titoli di merito professionale - le sue buone azioni: le sue propensioni umanitarie o le attitudini al compromesso e alla mediazione, o magari i suoi sentimenti nobili come la pietà per il nemico?

Senz'altro ad un valente generale verrebbero primariamente richieste abilità strategiche, rigore "prussiano" e decisionismo!... Dunque, anche se ciò è immorale, non ci si stupisca se nel politico di successo è assai ambita l'abilità di imbonire e convincere.

Saper pensare "in grande" invece, come capita agli intellettuali, impegnerebbe inutilmente i neuroni della corteccia cerebrale, porrebbe imbarazzanti dubbi e non lascerebbe molto tempo per coltivare le "utili" relazioni. Chi s'interroga seriamente non schiude spiragli alle millanterie populiste e non incoraggia i sogni dei creduloni, e dunque difficilmente interseca una strada utile per condurlo al governo.

È che, da tutti questi ragionamenti sui guasti storici che come pesanti detriti ingombrano la storia dell'umanità, emerge sempre la stessa amara conclusione: chi ha doti per accedere al potere è in genere assai vacuo di autentica sapienza e non abbisogna di virtù elevate come coerenza ed onestà!...

Penso esista perfino una sorta di dicotomia tra ruoli, quasi una direttrice biforcuta del comportamento che conduce verso rotte divergenti. Per l'una, che si caratterizza per l'irrefrenabile attitudine al potere e si alimenta del pressante bisogno di notorietà e di consenso (e che, per ottenerlo, non disdegna di ricorrere alla prevaricazione e alla millanteria, tenendo peraltro in scarsa considerazione di valore la propria "interiore" dignità) s'avviano gli aspiranti "potenti" e i loro più validi sodali. Per l'altra, più tortuosa ed aspra, si inerpica e fatica chi sente il bisogno di arricchimento in valori e conoscenze, chi privilegia la riflessione solitaria e la voglia di fare ... e aborre alquanto i labili successi e la futile notorietà.

Verso una inevitabile agonia o una scelta consapevole di "decrescita felice"?

Della condizione degradata di questa nostra società logora e stanca, ma anche delle crescenti criticità del pianeta, ho avuto modo di parlare ampiamente in questi anni *(N.d.A. Vedere anche i due libri "I 7+1 giorni della creazione" e "L'ottavo giorno")*, mi pare d'averlo fatto con dovizia, esibendo concreti esempi e tante prove provate, e dunque non credo di stupire nessuno se ora affermo convintamente che l'esser prossimi al capolinea, dove cioè è necessario invertire la marcia, è ormai un dato di fatto!... Viepiù ciò risulta evidente in questi ultimi anni d'apparente opulenza, in cui gli effetti devastanti della "finanza globale" stanno dimostrando i limiti propri del tanto decantato e presunto salvifico liberismo.

Perciò non demordo ... e ancora insistito in queste pagine a indagare sul clamoroso fallimento del genere umano ed a cercare la ragione recondita dell'inguaribile male!

Cerco ancora un plausibile sintomo "clinico", un marcatore, una ragione scatenante, un perché convincente ... una causa razionale che giustifichi i miserabili ripetuti fallimenti d'ogni teoria sociale o di via politica alla democrazia sin qui esplorata dall'umanità.

Fino ad ora solo una spiegazione mi ha convinto: che la ragione dell'incurabilità del male stia nella stessa nostra natura imperfetta.

Che nell'essere umano risieda la sua congenita "disumanità"... ovvero ciò che gli impedisce di raggiungere l'equilibrio tra gli irrefrenabili egoismi del proprio "interno" privato e le necessità di rapportarsi all'ambiente esterno al suo corpo.

E dunque, per quanto riguarda le cause conclamate di incapacità a produrre un progetto "a respiro universale", le ragioni di sfiducia verso la componente umana sono per me ormai chiare ed esplicite.

Tuttavia, fosse pure per banale consolazione "umanitaria", voglio lasciare ancora uno spiraglio aperto al dubbio e concedermi un auspicio ... e dunque mi viene spontaneo citare una efficace esortazione fideistica di Don Gallo, il mitico prete operaio di Genova: *"Se il male grida forte, la speranza grida più forte!"*.

Ormai solo di speranza parlerei, perché il tanto di stupefacente che ci circonda, e che le "menti belle" dell'arte e della tecnologia hanno contribuito a donare all'umanità nei secoli, non può essere vanificato o messo in discussione dall'ottusità e dalla cupidigia delle spregevoli moltitudini "tardo-scimmiesche" che ci governano!...

In natura, si sa, regna il *Caos*. Il *caos* è la normalità!... Niente di strano dunque che il genere umano preferisca confrontarsi con questo stato di cose molto realistico, piuttosto che farsi ammaliare dalle lusinghe d'un fantomatico "Paradiso terrestre" che ogni tanto qualcuno gli propone.

Chi immaginò l'armonia e l'ordine perfetto la chiamò *Utopia* (che, non a caso, è una parola senza concreto significato), ma saggiamente la collocò nel regno dei sogni. Chi, viceversa, come i primi cultori del pensiero illuminista, e più tardi lo stesso Karl Marx (con somma autorevolezza, devo dire!), ebbe l'ardire di volerla realizzare in terra fallì miseramente.

Dunque, anche se non è detto che in natura accada sempre quel *peggio* che noi intimamente temiamo per insicurezza, cerchiamo di restare con i piedi calcati saldamente al suolo e parliamo di fatti!...

I tre quarti della superficie del nostro pianeta risultano ricoperti da acqua: fiumi, laghi e oceani, ma anche da ghiacciai d'alta quota e dalle imponenti calotte polari, ovvero da superfici che non sono altro che acqua allo stato solido. L'acqua dunque non solo è presente su gran parte della crosta superficiale del pianeta, ma ne invade l'ambiente, il suolo, le rocce, ne pervade le fessurazioni e le porosità … ne penetra intimamente molecole e cellule viventi. Per l'insieme degli esseri viventi costituisce dunque l'elemento vitale insostituibile.

Ebbene, dallo svolgersi del fondamentale ciclo naturale dell'acqua, possiamo dedurre molte verità nascoste; perfino intuire i problemi dell'intera *Biosfera*, stimare l'impatto della crescente antropizzazione, presagire le criticità future della nostra vita.

La *Biosfera* è l'ambiente naturale in cui si svolge la vita terrestre e, in termini di volume complessivo, interessa un minimo spessore superficiale del nostro pianeta, appena un'esile crosta. Come dire che tutte le terre emerse, dal livello del mare fino alle massime altitudini delle vette himalaiane, gli oceani fino alle estreme profondità della *"Fossa delle Marianne"* e una piccola porzione d'atmosfera impalpabile che ci inviluppa (più o meno i primi dieci chilometri di spessore) sono il nostro habitat, e rappresentano l'equivalente d'una minuscola capocchia di spillo nell'universo smisurato della nostra striminzita galassia. Questa minuzia universale è dunque il nostro ambiente di vita. È la parte infinitesimale di cosmo che più ci interessa e che saremmo tenuti a salvaguardare perché ci contiene e ci fornisce sostentamento.

È però anche il luogo ristretto dove influiamo direttamente con il nostro agire e dove talvolta imperversiamo in quanto specie dominante.

È nostro dovere rispettarlo ed è soprattutto nostro interesse farlo!...

Eppure questo semplice assunto, che è da sempre il tema dominante della nostra esistenza, non è stato ancora universalmente assimilato e compreso da gran parte dei diretti interessati.

A livello di ricerca, tuttavia, le scienze ambientali se ne stanno occupando da tempo. Nell'ambito degli studi più recenti sulle correlazioni tra i vari elementi che compongono la biosfera, infatti, è stato finalmente appurato che rocce e ghiacciai antichi non solo forniscono informazioni basilari sulla evoluzione geologica del pianeta, sulla tettonica a zolle e sulla *"deriva dei continenti"*, ma possono rivelarsi utili fonti di dati sulla più modesta antropologia evolutiva e sulle variazioni periodiche di clima, e quindi sullo sviluppo o la avvenuta scomparsa di intere specie viventi.

Ci dicono inoltre come un sorprendente e fondamentale marcatore naturale, il corallo, con il suo variare di accrescimento abbia fedelmente registrato l'alternarsi delle varie glaciazioni e delle fasi di surriscaldamento atmosferico, legate alla concentrazione di anidride carbonica in atmosfera.

L'ambiente marino, in effetti, più ancora che l'ambiente vegetale terrestre *(fotosintesi clorofilliana)*, incide fortemente sulla regolazione e sull'abbassamento dei valori di anidride carbonica in atmosfera; fattore questo responsabile dell' *"effetto serra"*.

Sia che il gas venga prodotto naturalmente (eruzioni vulcaniche e combustione naturale in genere) o, in minor parte, venga generato dall'attività dell'uomo, esso interferisce pesantemente con il clima dell'intero pianeta.

Qualche grado medio di variazione, infatti, può voler dire scioglimento o ampliamento di ghiacciai e di calotte polari, innalzamento o abbassamento del livello dei mari ... E dunque scomparsa di terre emerse e sopravvivenza o morte di microorganismi ed altre specie viventi più complesse.

Sembra tuttavia incredibile scoprire che la natura, come fosse un diligente burocrate, ne registra puntualmente gli effetti ... Ma soprattutto desta meraviglia apprendere che un microscopico essere vivente come il corallo (diffuso in più di 1700 specie, tra scheletrate e non) sia un protagonista fondamentale del racconto millenario della nostra storia. E ancor più che queste amene e inoffensive colonie viventi, se osservate in base alla loro sanità di crescita, cioè con particolare attenzione agli effetti su formazione di scogliere marine e atolli tropicali (ovvero sulla estensione e la ricchezza delle varietà presenti), forniscano importanti indizi sulla salute dell'intero biotopo terracqueo.

Non solo informazioni dirette e di provata rilevanza scientifica come il mutato stato di salute dei coralli, o come la progressiva scomparsa dei ghiacciai d'alta quota, o come la incessante contrazione delle calotte polari, costituiscono i segnali preoccupanti d'un ambiente che si deteriora irreversibilmente. Ma anche altri indizi confermano i suddetti cambiamenti. Altri segnali inequivocabili ed eclatanti vengono da tutti noi giornalmente percepiti, anche se più criptici e indiretti e di più difficile attribuzione tra causa ed effetto.

Parlo, ad esempio, delle profonde variazioni climatiche degli ultimi decenni, di fenomeni finora del tutto sconosciuti alle nostre latitudini, che dunque inficiano le certezze della nostra memoria sulla "prassi" millenaria che ha codificato nei secoli le chiare alternanze stagionali. E che invece ultimamente si propongono con l'avvento inatteso e ricorrente di violente perturbazioni di foggia tropicale, che provocano disastrose inondazioni e tornado.

Per contro, geograficamente ben al di sopra della fatidica linea dei tropici (ove si sta già modificando la flora spontanea), procede spedita la progressiva desertificazione dei territori.

Non tutto però può essere fatalisticamente addebitato a ciclici eventi naturali. A glaciazioni e surriscaldamenti plurimillenari. Va detto chiaramente che l'incontenibile antropizzazione degli ultimi decenni, con lo spreco di territori e di risorse alimentari, con il carico demografico impennatosi esponenzialmente, con l'egoismo sciovinistico e l'ottusa indifferenza verso i problemi dell'inquinamento ambientale, ha svolto in pieno la sua deleteria funzione disgregatrice.

È dunque facile concludere che la preponderante causale di questi repentini squilibri sta nell'abnorme impatto dell'uomo sulla terra.

Ma la natura ha le sue regole e prima o poi provvede!...

"In natura nulla si crea e nulla si distrugge ... tutto si trasforma" recita con certezza matematica la legge di Antoine-Laurent De

Lavoisier (fondatore della chimica moderna), e dunque enuncia il principio di conservazione della massa nelle reazioni chimiche.

Tanto entra e tanto esce … alla fine il bilancio è zero! Ma, nell'instancabile azione di demolizione e ricostruzione molecolare, nello scomporsi e ricomporsi degli elementi, entra in gioco anche il bilancio dell'energia … e qui le cose cambiano.

Dunque, di ciò che avviene nel lavoro delle macchine e, più in generale, nel computo matematico dell'energia spendibile ci spiega tutto il $2°$ principio della termodinamica, rendendoci noto crudamente che non può esistere un moto perpetuo. Nei processi termici e meccanici, infatti, molta energia diviene "infruttifera" perché va dispersa in calore non riutilizzabile.

E alfine, poiché il processo è irreversibile, non fa che aumentare l'entropia d'un sistema chiuso come il nostro pianeta.

Dunque, mentre il sistema stesso tende via via all'equilibrio termico su valori sempre più elevati e pericolosi, si riduce progressivamente la disponibilità energetica per la vita!... Bella chiavica!

E qui si confonde il nostro limitato intelletto nel voler spaziare più in la e nel voler tener conto del ciclo infinito dell'universo, in cui, probabilmente, alla fine dei tempi, un grande buco nero ingloberà tutta l'energia intergalattica e stabilizzerà in miliardi di gradi il calore stellare in un definitivo ma sterile equilibrio perfetto.

Non scoraggiamoci però di fronte all'immensità del cosmo … i nostri problemi, come ho detto, riguardano un orizzonte di spazio e di tempo assai limitato, e con la "esagerata" tecnologia di cui già ora disponiamo una serena sopravvivenza sarebbe per molti millenni potenzialmente garantita.

Basterà dunque prestar fede alle modeste statistiche terrestri per riacquistare certezze. In primis per avere consapevolezza che, per ora, ci si sta sbrigativamente "scavando la fossa". Ovvero: che, con l'attuale ritmo di dissipazione sconsiderata e nociva, si sta sempre più ipotecando il futuro energetico delle prossime generazioni.

Sapremo mai invertire il processo?...

Le opzioni possibili che io immagino sono solo due: fare scelte coraggiose e decise per una "decrescita felice" a livello mondiale, ovvero smetterla di rincorrere il *"P.I.L."* e prestare più attenzione al *"B.I.L."* di Kennedyana memoria, magari anche un po' abbandonando la deleteria politica del consenso universale, ma anche contrastando le lobby finanziarie e religiose che provocano tante discriminazioni e ostacolano un serio controllo demografico (e non vedo come ciò possa realmente accadere con i politicanti che ci ritroviamo!...), oppure lasciar fare il suo corso alla natura e leggerne gli effetti a ... "futura memoria".

Su cosa significhi in concreto questa seconda opzione, lascio dire all'esimio Prof. Armando Mammino (*N.d.A: Vedere testo "Ingegneria e globalizzazione: necessità e futuro del ridisegno del Territorio"- Ed. Alinea Srl – Firenze 2009*) ... perché meglio di così non saprei fare!

Egli in proposito scrive: – *"... nel 1956, sul pianeta Terra, vivevano poco più di due miliardi di persone, mentre oggi, nello stesso spazio vitale, se ne contano ben oltre sei miliardi: in cinquanta anni si è assistito ad una triplicazione degli individui di razza umana rispetto a quanti all'epoca della mia infanzia popolavano i continenti a seguito di una progressione che aveva avuto inizio nella notte dei tempi, cioè in una oscura preistoria dominata dalle ultime glaciazioni. Se estrapolassimo questo andamento fino al 2650, tra sei secoli e mezzo, con gli occhi dell'immaginazione vedremmo un uomo per metro quadrato, anche sui deserti e sugli oceani, in un allucinante e improbabile assemblaggio quanto mai "globalizzato". Ma in natura i processi esponenziali, ed i relativi sistemi di cui questi sono dominio, non giungono al limite (...) Dunque lo spazio antropico è rigorosamente tridimensionale ed euclideo, sicché in esso, prima dello snaturamento dei principi matematici semplici che lo governano, sopraggiungono, a bilanciare il soprannumero, altri fenomeni biologici, climatici, storici, ambientali, etc. ben noti all'umanità e sempre in agguato: essi ritorcono sulla razza dominante gli stessi effetti del loro predominio e delle alterazioni dell'Habitat che quel predominio, quando abnorme e incontrastato, ha provocato".*

E ancora prosegue con le sue considerazioni: – *"Probabilmente i dinosauri disparvero perché troppo numerosi, grossi, prolifici, stupidi: avevano messo in crisi le risorse nutritive del pianeta-terra, e non erano dotati dell'intelligenza necessaria per potenziare artificialmente la perpetuazione e l'adeguamento quantitativo di quelle risorse. La catastrofe proveniente dal cosmo, quale ipotizzata da molti autorevoli scienziati, contribuì solo ad accelerare una inesorabile decadenza della specie già in atto: i dinosauri carnivori più piccoli e più recenti, che uccidevano e divoravano i dinosauri erbivori più grossi e più antichi, rappresentavano, con la loro stessa esistenza ed evoluzione, il più palmare segnale di crisi del sistema alimentare offerto dal pianeta. Basterà l'intelligenza umana a salvarci dalla stessa fine che fecero i dinosauri? Ai posteri l'ardua sentenza!"*

E conclude: – *"Oggi l'unico dato obiettivo è che siamo sullo stesso percorso già intrapreso duecento milioni di anni fa dai nostri antenati rettili: soprannumero, ingombro eccessivo degli oggetti che formano l'habitat, accaparramento forzoso di tutte le risorse a disposizione, deterioramento dei luoghi della nostra esistenza, consumo di materia ed energia di gran lunga esuberante rispetto alla loro rigenerazione naturale ed artificiale, etc...*

Dunque, se la scadenza dei sei secoli e mezzo a partire da oggi si prefigura come uno scenario di assiepamento degli uomini su tutto il globo, la scadenza di un ben più vicino futuro si prefigura come uno scenario di guerre, epidemie, follie collettive, rovinose patologie del clima, inquinamento, alterazione fisico-chimica dell'atmosfera e rottura degli equilibri termici dell'acqua e dell'aria, etc..."

Nulla di stupefacente dunque se il genere umano dovesse alfine scomparire dal globo!...

Ricordo che oltre il 99% delle specie viventi che si sono succedute nei milioni di anni, che hanno prosperato e si sono evolute sul nostro pianeta, sono oggi scomparse.

Dunque: né la nostra straordinaria evoluzione, né la nostra insuperata intelligenza, potranno esimerci dal rischio di questa inevitabile fine!

Conclusioni?...

Per affrontare questo capitolo conclusivo, questo ineludibile nodo gordiano della concretezza, penso dovrò un poco derogare dal rigore analitico che mi proponevo. Pena un altro inevitabile "nulla di fatto" che creerebbe imbarazzo (specie a chi, come me, ha avuto la presunzione di scrivere addirittura una "trilogia" sull'argomento).

Dovrò lasciare pertanto campo libero ai dianzi tanto denigrati "impulsi scimmieschi", quelli provenienti dal mio sistema limbico centrale, e far prevalere il sentimento istintivo e romantico sulla cinica ragione. Dimenticare cioè la logica matematica e accettare l'ipotesi aleatoria del verificarsi d'un evento improbabile.

Come potrei io, infatti, ottimista per natura e propenso a dar credito ad un futuro incerto più che a indugiare sul passato rassicurante, accettare una resa incondizionata al pessimismo nichilista?

L'umanità è per sua natura una scommessa impossibile disputata con l'intera materia vivente, e la sua "fantasiosa imprevedibilità" è la ragione stessa del suo esistere.

Non posso perciò superare il mio dilemma esistenziale semplicemente seguendo la metodica kantiana della *"ragion pura"* (che, detto per inciso e razionalmente parlando, anch'io condivido), ovvero prostrarmi supino e vinto alle angosce d'uno scenario drammatico come quello paventato dal Prof. Mammino, senza poi inevitabilmente ritrovarmi calato nei panni dell'apatico Ulrich – *"l'uomo senza qualità"* di Musil – fautore del nulla esistenziale e del nichilismo.

Questa si che sarebbe una illogica conclusione per la storia dell'umanità!... Specie se, come nel mio caso, illogicità per illogicità, non c'è neanche un credo soprannaturale da poter contrapporre agli eventi reali del nostro tempo.

Tuttavia mi domando ancora con imbarazzo che cosa potrei aggiungere di propositivo a quanto già lungamente ponderato nei capitoli trascorsi, a quanto già scritto e "certificato" convintamente sulla ineluttabilità del nostro precario futuro terreno.

Insomma, fuori di metafora: ora mi interrogo su come potrei più efficacemente contraddire me stesso!...

E tutto per accondiscendere ad una aspettativa che pare impossibile da realizzare! Che, come in un cinico "gioco dell'oca", mi riporta continuamente al principio d'ogni ragionamento ...

Giunto dunque fino al concludersi d'un lungo iter di umile analisi "logica", durato più di due anni, ora mi ritrovo pressato dall'iniziale irrisolvibile enigma: accettare la realtà d'un declino imminente e irreversibile delle istituzioni moderne (e in conseguenza paventare, come è nei fatti purtroppo, l'avvento d'un nuovo "Medioevo" culturale e sociale), oppure rifugiarmi sardonicamente nella **speranza** irrazionale ma consolante di Don Gallo?... Che peraltro, anche laicamente parlando, di fronte alle avversità molte volte si è rivelata sentimento magniloquente e salvifico!
Ma il maledetto dubbio che mi perseguita, e che condanna tutte le menti complesse ad essere "aperte" alla complessità dell'esistenza, potrà mai giustificare il torto d'una scelta razionalmente discutibile in favore di questo sentimento propositivo e nobile ma poco concreto?
L'abbandonarsi ad un atto di speranza e di fede nell'intelligenza umana non è tuttavia un grave misfatto, e non deve essere per tutti noi causa di frustrazioni e vergogna, perché non è una assoluta violazione della verità!... E se ciò può servire a rimarcarlo consola il ricordare che, talvolta, di fronte all'inesorabile, la pervicacia e l'ingegno umano hanno saputo trovare soluzioni fin prima ritenute impossibili.

Oggi, nel nostro paese (ma anche in altri che si trovano in analoga situazione), specie da parte di tanti giovani disillusi da questa società corrotta e inefficiente, è di moda parlare di "rottamazione" delle vecchie classi dirigenti.
Hanno ragione da vendere purtroppo!... E fanno bene a considerare la mia generazione responsabile di aver mal amministrato, d'aver tradito le promesse e creato ingiustizie e sperequazioni, d'aver scialacquato risorse e rubato a man bassa. Specie riferendosi alla classe politica in genere, che ancora oggi non capisce la gravità dei suoi atteggiamenti "disinvolti" e delle sue resistenze ad abbandonare i vecchi privilegi, che non reagisce appropriatamente e non dimostra senso di misura e adeguata sensibilità.
Ma, nel merito dei problemi emersi, qualche colpa l'ha pur avuta anche la stessa gente del popolo che ora s'indigna e protesta. Per quella sua gretta mentalità opportunista e spesso connivente.

Ben venga comunque la critica montante, anche feroce, al sistema spartitorio non più tollerabile della politica. Anche se tutto questo improvviso "volare di stracci", di astio generalizzato, sa poco di convinto ravvedimento ma, temo, piuttosto di reazione rancorosa e scomposta.

Purché dunque questa necessaria revisione non si riveli solo un regolamento di conti tra generazioni e tenda invece ad essere criticamente costruttiva, e quindi una sorta di "investimento" morale per il futuro.

Non ondivaga e non demagogica come al solito, ma rivolta al cambiamento radicale di tante abitudini distorte e di mentalità grette e superate che ci riportano indietro nel tempo.

Che avvii finalmente una seria presa di coscienza sugli obblighi derivanti dall'appartenere ad una comunità vasta e ad una moderna democrazia, certamente partecipata ma anche auspicabilmente funzionante.

Che sia dunque come la ricostruzione d'un territorio dopo un terremoto catastrofico, che cancella ogni scempio pregresso, ogni abuso insanabile precedentemente compiuto dalla cattiva edilizia e dall'illegalità ... ma lo faccia seguendo un "progetto"!

Ove più ove meno, però, anche nel resto del mondo la globalizzazione degli scambi commerciali ha messo a nudo le tante contraddizioni di questo sistema mercatistico, rivelatosi avulso dai bisogni reali degli esseri viventi, ed ha fatto scoppiare l'insofferenza degli "esclusi" verso le ingiustizie e le prevaricazioni subite, e per gli sprechi inutili indotti dal *"consumismo"*.

Direi che anche questo sofferto "risveglio" va considerato come fatto positivo, quale consapevole ritorno alla realtà delle risorse finite e dell'uso oculato di quelle effettivamente disponibili, dunque al riappropriarsi del concetto di bisogno primario e di moderazione anticonsumistica.

Finalmente, in tutto il mondo (e perfino nei paesi più retrivi e "impermeabili" al cambiamento, come quelli del Nord Africa e del Medio Oriente), pare stia nascendo una nuova coscienza civile implementata dal crescente stato di malessere sociale. Ossia dalla consapevolezza che i valori della vita e il rispetto per la persona non sono merce di scambio per nessuno e, dunque, non sono appannaggio esclusivo dei detentori del potere e dalla ricchezza.

Ciò vale a maggior ragione anche per i movimenti ambientalisti più antichi e radicati culturalmente, da sempre motivati e critici rispetto agli eccessi compiuti in nome della presunta "modernità".

Chi sta bene, però, non ha fretta di cambiare e smorza ogni entusiasmo riformista (come peraltro fece, con scarso realismo, la nobiltà francese ai tempi della rivoluzione ... e perciò si ritrovò senza testa!) e lo fa usando ogni mezzo a sua disposizione (media, strumenti finanziari, persuasione diretta e corruzione), ovvero anche rammentando con spregiudicato cinismo l'ineluttabilità della "livella sociale" sottostante al sistema capitalistico ... Che promette, alla fine, di riaggiustare ogni cosa su valori medi di benessere più elevati, con vantaggi intuibili anche per le classi popolari più povere e attualmente sofferenti.

Chi comanda ha così operato per millenni proficuamente, ha maturato un efficace know-how in proposito, quindi è convinto di poter continuare impunemente anche in futuro. Magari svendendo altre speranze e sogni per sopire i malesseri temporanei della gente.

Ma il gioco si fa ogni giorno più duro e insostenibile, perché la realtà lascia ogni dove macerie fumanti e sofferenza e, alla fine, disincanta anche i più creduloni (solo i "gonzi" resistono compatti!), e perché soprattutto l'informazione via *Internet* dà consapevolezza "globale" che non può essere né fermata né controllata.

Va detto che questi movimenti d'opinione e di protesta per ora sono solo minoranze, frange frammentate e spesso esageratamente idealiste che comunicano esclusivamente via web, ma la rapidità dei contatti e la contaminazione delle idee ne fa crescere costantemente il numero di adepti e le rende movimento d'opinione a caratura universale.

Mi chiedo dunque se questo potenziale "deterrente", rivolto per ora metaforicamente ai propugnatori dello statu quo, saprà anche essere stimolo propositivo e duraturo per le "future generazioni". Per creare nuovo rigore e cultura, per invertire l'attuale visione della politica, per non dover ripetere gli errori della generazione del "68".

Ovvero per imporre alle storiche lobby dominanti un confronto globale che non si basi solo su potere consolidato, interessi e ricatti ... E se sì, mi chiedo se sapranno poi farne una coerente filosofia di vita.

Su questo punto, però, tornano tanti dubbi che aprono a numerose e contrastanti possibilità ... Ma sui possibili sviluppi futuri non so esattamente rispondere!

È importante tuttavia saper cogliere i primi impercettibili "scricchiolii" di questo nostro sistema "invincibile"... ossia l'effetto di veloce involuzione delle certezze adamantine dei condottieri della *Invencible Armada* capitalista ... E questa sembra dunque la novità assoluta e imprevista del nostro tempo!

Peraltro c'è anche chi persevera stoicamente nelle sue errate convinzioni, ossia ritiene che nelle opulente comunità d'occidente la corda del malessere possa venir tesa ancora per lungo tempo senza gravi conseguenze, così trascurando colpevolmente che sono in gioco valori ben più alti del suo diretto tornaconto.

Ne è convinto perché dai paesi sottosviluppati a basso costo del lavoro, oltre ad enormi profitti per governi e produttori direttamente coinvolti, proviene anche qualche sostanzioso "riparto" indiretto per le comunità di origine. Dunque risorse finanziarie quasi "parassitarie" che vanno a rimpinguare i bilanci di molti stati indebitati dal welfare, e ne mitigano le contingenti ripercussioni sociali dovute alla deindustrializzazione ed alla delocalizzazione produttiva in atto.

Non a caso, fino a ieri, si esaltava l'economia del "terziario" e i suoi benefici effetti finanziari!

Ma dal 2008 è in atto uno shock generalizzato a cui nessuno era preparato, e perciò il "clima" sta rapidamente cambiando in tutte le nazioni d'occidente. Sia per la percezione di vulnerabilità dei loro sistemi bancari, sia per la sempre più evidente "desertificazione" dei comparti industriali e produttivi, con conseguente calo di risorse da destinare al welfare ed alla disoccupazione in continuo aumento.

Peraltro l'inevitabile crescita dei costi nei fantomatici *"BRICS"*, dovuti al migliorato tenore di vita ed allo stato di crisi generalizzata che ne ridimensiona i volumi di produzione manifatturiera, riduce drasticamente anche le loro aspettative di aumento del *P.I.L.*, creando così i primi evidenti contraccolpi finanziari e sociali.

Una sorta di "cane che si morde la coda" dunque ... una inesorabile catena che lega tutti alla stessa sorte di immanente declino!

E pur tuttavia ancora tardano a concretizzarsi le inevitabili contromisure politiche. Perché il non decidere è la strategia dei pavidi che ci governano, e perché al mondo ancora esiste qualche paese "morto di fame" più affamato di altri, dove poter riallocare le produzioni a basso costo ... e così illudere di poter continuare a sfruttare la miseria altrui e lucrare senza difficoltà per qualche ulteriore decennio.

Dunque la "livella sociale" non pare funzionare come promesso. Per ora si comporta come una bilancia "sbilanciata" che pende da un lato.

E mentre si stanno effettivamente impoverendo le popolazioni tradizionalmente più ricche d'occidente non pare si vadano risolvendo i problemi atavici delle aree depresse del "terzo mondo".

A causa di questo continuo ripetersi di traumi economico-finanziari, e per la evidente generale incapacità di interagire sinergicamente alla disperazione montante, una nuova consapevolezza sta giocoforza nascendo a livello globale tra le popolazioni più esposte e sofferenti. E dunque si manifesta una decisa contrapposizione agli interessi conclamati delle classi più opulente, da sempre salde al potere e, come detto, per nulla intenzionate a contribuire *"motu proprio"* al cambiamento o a riflettere responsabilmente sul da farsi.

Con inspiegabile flemma mentale e con improvvida sottovalutazione, esse insistono a ignorare questi moti di protesta spontanea, che tutt'al più bollano come una sorta di goliardico eccesso di ardore giovanile, o come reazione risentita di minoranze emarginate e di scarsa utilità sociale. L'unica loro preoccupazione concreta sembra dunque essere la salvaguardia d'un sistema finanziario e legislativo che protegga i privilegi acquisiti e gli ingenti capitali accumulati.

E la storia dei popoli sembrerebbe dar loro ragione ... come sempre purtroppo! Ma se così fosse realmente, sarebbe la fine per tutti.

In effetti è sempre accaduto così nella storia: una grande fiammata nelle piazze, ghigliottine e forconi in quantità, morti innocenti per qualche lustro, ma mai un vero incendio che finalmente purificasse il suolo ... Poi, ad ogni rivoluzione, è sempre seguita una radicale, rassicurante restaurazione.

Non c'è motivo d'allarmarsi dunque?... Con buona ragione pare che lo storico andazzo continui a tranquillizzare "i potenti", come se nulla di irreparabile stesse accadendo.

Oggi è certamente così, ma un domani chissà?!... Fossi al loro posto qualche domanda me la porrei per prudenza. E non perché la storia abbia improvvisamente cambiato il suo corso, ma perché si capisce chiaramente che, nel "meccanismo" di funzionamento di questo nostro mondo, qualcosa pare essersi "inceppato" definitivamente.

Penso quindi che fra qualche decennio non ci sarà più spazio per un rigurgito di neo-conservatorismo, di egoistico revisionismo; e dunque sarà giocoforza uscire dalla logica degli storici *"corsi e ricorsi"* che, fin dalla notte dei tempi, hanno accompagnato il nostro cammino evolutivo.

Magari in un domani non lontano, ricordando quest'epoca, potremo anche parlare con orgoglio di inizio d'una vera e propria "rivoluzione culturale" del pensiero dominante occidentale!
Come un tempo fu per l'Italia il suo Rinascimento.

Tutto questo però non avrà senso compiuto e duraturo, anche a fronte d'un auspicato ricambio generazionale (cioè con l'avvento di nuove classi dirigenti consapevoli e, finalmente, perfino "illuminate"), e resterà certamente irrealizzata quella visione utopica d'una migliore società futura, se non si compirà presto la scelta universale più urgente ed esaustiva: il **riequilibrio demografico** e **alimentare** su valori sostenibili. Ma questo non accadrà solo perché, un bel giorno, benevolmente, se ne occuperà il Padreterno!...
È questa infatti una esigenza nota ma costantemente disattesa, e perfino da taluni apertamente contrastata con motivazioni ideologiche o religiose. Tuttavia, di questo fondamentale e inderogabile problema, non potranno ingerirsi le sole masse giovanili scomposte e verbose che attualmente chattano sul web e che talvolta danno origine ai vivaci happening di piazza. Presumo, peraltro, che così facendo farebbero fatalmente il gioco delle lobby conservatrici che li contrastano e che avrebbero tutto l'agio per screditarle.
Ancorché auspicabilmente guidate da validi e ben motivati condottieri (e però lasciate liberamente debordare nello spontaneismo), queste armate "aliene" perderebbero fatalmente ogni guerra. E ben presto si trasformerebbero (come accaduto in passato) in scomposte greggi umane senza vigore e senza una meta definita.
Per fare queste scelte fondamentali, per creare più benessere diffuso a livello globale, per invertire la curva d'incremento demografico e per riequilibrare risorse e reddito, senza però seguire il contestato schema "*consumistico*" attuale, ossia per fare la rivoluzione culturale d'una "*decrescita felice*", occorrerà quindi disporre della forza d'urto d'un vero e proprio cataclisma!
Bisognerà essere anche consapevoli delle conseguenti implicazioni politiche e sociali che ne deriveranno, primariamente legate agli effetti d'una inevitabile stagnazione economica derivante dalla caduta del P.I.L., e del dover sostenere uno scontro tra titani con le potentissime mafie finanziarie internazionali e con le lobby economiche al potere, ma anche con le stesse masse indigenti che con queste azioni si vogliono salvaguardare.

Si dovrà non più transigere sul perdurante arricchimento di pochi a scapito dei molti e riflettere bene anche su chi dovrà essere il fautore del cambiamento.

Non basterà dunque il solo virginale fervore di estemporanei referenti dal piglio rivoluzionario per sconfiggere le "armate invincibili", per incidere profondamente sulla società e cambiare questo mondo insidioso e complicato.

Bisognerà frenare ogni eccesso e, con lungimiranza e umiltà, coinvolgere le altre forze strategiche al nuovo disegno globale. Cioè composte primariamente da molti scienziati e uomini di cultura, per loro vocazione maggiormente sensibili al problema, ma anche da politici esperti, motivati e incorrotti.

Ovvero da molti degli esponenti della società civile che, per ragioni anagrafiche, sono attualmente confutati quasi con disprezzo e assai semplicisticamente destinati ad una rapida "rottamazione".

Infine, non bisognerà trascurare l'auspicabile e concreto apporto che potrà venire dal genere femminile finalmente emancipato, perché meno condizionato dagli eccessi del *testosterone* e, per sua natura, maggiormente aperto al futuro e all'altruismo in quanto geneticamente incline alla generosità procreativa.

Non "rottamazione" con criteri anagrafici dunque, ma **rottamazione delle cattive idee**, delle idee distorte dal *"macismo"* e dal conformismo gretto, finora rivelatesi deleterie per noi tutti.

Voglio dare quindi per scontato che ormai questo processo andrà avanti ineluttabilmente ... che non potrà più essere eluso o bypassato coi vecchi "trucchi", perché non esistono altre opzioni di riserva!

E tuttavia ribadisco che avviarlo non sarà né facile né immediato ...

Non è dunque più il tempo dei buoni propositi, dei burocratici protocolli d'intenti emanati dagli esimi organismi internazionali preposti.

Dell'imbelle fatalistico disinteresse dei benpensanti satolli o delle attese snervanti di qualche riforma agognata, magari che accontenti tutti!

Ormai sembra giunto il tempo in cui si può cogliere l'occasione forse irripetibile per cambiare a fondo la società. Però è un tempo limitato da non sprecare!

Ciò che serve oggi alla comunità umana per conquistarsi un altro "domani", un'altra opzione di futuro possibile oltre l'immediatezza del baratro, e a cui ritengo sia necessario ambire risolutamente perché, come ho detto, l'obiettivo (approfittando di questa epocale "crisi di sistema") è finalmente a portata di mano, è dunque mettere in atto un

sostanziale cambiamento di valori etici, obiettivi sociali e cultura comportamentale.
Un *"New Deal"* impostato su azione politica e culturale insieme. Su ricerca di valori condivisi e di regole primarie che salvaguardino l'identità e la dignità delle persone più umili e indifese; ma anche di concrete forme di "ristoro equitativo" fra territori svantaggiati e nazioni prospere ... in un diverso modello di gestione di energia e risorse naturali.
Senza pertanto ulteriormente indulgere su privilegi non più sostenibili, o titubare su scelte irrinunciabili in favore di superiori esigenze del bene comune e di salvaguardia dell'habitat dell'intero pianeta.

Scientificamente l'umanità è già pronta da tempo per queste azioni (la nostra tecnologia è già avanzatissima e perfino quantitativamente sprecata!) ma, come ho detto ripetutamente, ancora inficiano e difettano i comportamenti dei singoli individui, che così provocano vasti malfunzionamenti sociali.
E dunque necessitano di basilare rieducazione, del riappropriarsi di quei valori etici e di cultura equitaria che sembrano perfino dimenticati. Ma anche di nuove regole chiare (non solo di dotte enunciazioni inapplicabili, come purtroppo avviene nel mio Paese!) da condividere universalmente, accompagnate (almeno per il presente) anche dalle indispensabili sanzioni di deterrenza per gli inadempienti incalliti.

Tra i tanti danni prodotti dagli eccessi del *"liberismo"*, ossia dallo smodato accumulo di ricchezze solo per pochi e dalla insulsa moderna cultura dello spreco, preoccupa l'inaspettata contrazione numerica delle *"classi medie"* nel mondo, di ceti fondamentali per gli equilibri sociali e di pacifica convivenza! Dunque anche a ciò si dovrà porre rimedio con rapide retromarce istituzionali; perché la posizione di medietà è bella ed è utile alla società in generale, ma soprattutto alla economia ed al welfare.
Prima o poi bisognerà dunque riesumare quella morta filosofia sociale che afferisce alla redistribuzione del benessere, magari con l'obiettivo di contenere le punte apicali quando significano privilegio e spreco (comunque necessarie quando invece significano eccellenza e progresso), ed anche impegnarsi a sconfiggere finalmente emarginazione e povertà, antiche piaghe sociali oggi non più tollerabili.
Anche per questo motivo sarà dunque necessario contrastare le tendenze demografiche in atto!

Devo dire che qualcosa di socialmente compatibile con quanto auspicato e di meglio abbozzato rispetto a ciò che conosciamo, in potenza, già esiste nel mondo. E riguarda la diversa mentalità e le priorità di valori che contraddistinguono le culture delle popolazioni asiatiche di religione buddista e scintoista.

Ci sono infatti società umane che possiedono uno spiccato senso di appartenenza e di devozione alla nazione e alla comunità, prima che al proprio ego. Che esprimono qualità individuali di generosità e abnegazione assai diverse da quelle preminenti nel resto del mondo e che hanno imparato a dominare il proprio individualismo e i deprecati "istinti scimmieschi".

Però, per farlo anche nel resto del globo, serve diffondere consapevolezza dei propri confini personali e concretezza sui valori importanti della vita. Ma anche promuovere il desiderio di "stare insieme" per costruire una comunità armoniosa, una casa comune in cui ritrovarsi tra individui che condividono gli stessi problemi della sopravvivenza.

Credo quindi che la posta in giuoco sia alta ma umanamente accessibile. Che sia una interessante scommessa di rivoluzione culturale globale da affidare ai giovani che, a differenza della mia generazione, la potranno sviluppare e diffondere con i mezzi potentissimi in loro possesso!...

Sebbene, come cittadino italiano orgoglioso delle proprie origini malgrado tutto, che si rivolge al bello con gioia e alla creatività individuale con compiacimento, che aborre l'ottusità del conformismo e la noia del ripetitivo, questa prospettiva di società "repressa" dalla mediocrità un po' mi rattristi (perché così rinnegherò parte della mia storia più aulica), auspico sinceramente, per il bene della mia nazione e di tutta l'umanità, che una scelta di vita più sommessa e solidale sia realmente la scelta futura!...

Dopo aver riflettuto amaramente sul passato (spero usando saggezza e realismo), non posso che concludere da dove ho cominciato e invocare ancora la *"speranza"* come l'ultima ratio per il futuro dell'umanità ... L'ultimo valore che ancora ci rimane!

In ciò che ho detto è forse mancata la coerenza ... ma questa non è che una ulteriore conferma dei tanti limiti che ancora abbiamo.

Come dono di nozze, Zeus consegnò a Pandora un grande vaso, chiuso da un pesante coperchio, e le raccomandò di non aprirlo mai ...
Dopo la cerimonia di nozze con Epimèneo, Pandora fu lieta dei tanti doni ricevuti dagli dei dell'Olimpo. E tuttavia le rimaneva il cruccio di non sapere cosa contenesse il dono più importante fattole da Zeus.

Alfine la sua invincibile curiosità femminile non seppe resistere al desiderio di scoprire cosa contenesse quel misterioso vaso. E dunque sollevò il pesante coperchio.
Subito ne uscirono tutti i mali del mondo, che irrimediabilmente si sparsero per la Terra intera.
*Nello sconcerto e nella foga, Pandora riuscì a malapena ad afferrare e trattenere solo l'ingannevole **speranza**, perché questa virtù stava relegata nel fondo del vaso ... sotto a tutti i mali del mondo!*

Indice

www.Lulu.com editore - Ottobre 2012
Prezzo al pubblico €. 9,50

www.ingramcontent.com/pod-product-compliance
Lightning Source LLC
Chambersburg PA
CBHW062102280526

45788CB00003B/1325